기독교의 전통적인 기도 방법
The Call of Ancient Prayer Practices

기독교전통과 영성기도
Creating a Life with God

초판 발행: 2005년 5월 10일
지은이: Daniel Wolpert
옮긴이: 엄성옥
발행처: 도서출판 은성
등록: 1974년 12월 9일 제9-66호
주소: 서울시 강동구 성내동 538-9 은성빌딩 5층
전화: 02)477-4404
팩스: 02)477-4405

출판 및 판매에 관한 모든 권한은 본 출판사가 소유하고 있습니다.
출판사의 사전 서면 허락없이 상업적인 목적으로 번역, 재제작, 인용, 촬영, 녹음 등을 할 수 없음을 알려드립니다.

Printed in Korea

Creating a Life with God
The Call of Ancient Prayer Practices

Daniel Wolpert

기독교전통과 영성기도

The Call of Ancient Prayer Practices

대니얼 월퍼트 지음

엄성옥 옮김

차 례
CONTENTS

감사의 글 / 9

머리말 / 11

서론 / 17

1. 독거와 침묵: 여정의 시작 / 31

2. *Lectio Divina*: 거룩한 독서를 통한 성경과의 만남 / 49

3. 예수기도: 예수님의 이름 안에는 능력이 있다 / 69

4. 부정의 기도: 잠잠하여 알라 / 85

5. 규문(糾問): 일상생활 속의 하나님 / 103

6. 창조력과 하나님: 창조하는 것은 곧 기도하는 것 / 121

7. 일지쓰기: 하나님께서 보여주시는 것 기록하기 / 139

8. 몸으로 드리는 기도: 몸과 영성생활 / 157

9. 하나님을 향해 걸어감: 눈에 보이는 여정 / 175

10. 자연 안에서 기도하기: 관상과 창조 / 191

11. 기도와 세상에서의 삶 / 207

12. 기도하는 공동체: 함께 실천하는 나눔의 삶 / 223
참고문헌 / 241
부록: 단계별 기도 훈련 / 243
　　　 피정 모델 / 273

감사의 글

여러 면에서 이 책을 저술하기가 매우 힘들고 어렵게 느껴집니다. 마치 임종 순간에 나의 생명이 눈앞에서 번쩍이는 것 같습니다. 지금까지 나를 도와주고 가르쳐주고 격려해준 많은 사람들, 심지어 나에게서 가르침을 받은 사람들에게도 내가 많은 은혜를 입고 있음을 발견합니다. 그들의 이름을 일일이 열거할 수는 없을 것입니다.

우선, 모든 축복의 근원이신 하나님께 감사합니다. 미네소타 주 북서부 지방에서는 모기들과의 전쟁을 치러야 합니다. 나는 모기를 죽일 때마다, 공학과 관련된 경이로운 것, 총명하고 아름다운 것, 내가 결코 만들 수 없는 것을 파괴하고 있다는 것을 의식합니다. 따라서 거룩한 위격들의 놀라운 창조력이 없었다면, 나는 하나님과 함께 생명을 만드는 것에 대한 책의 저술을 시작할 수 없었을 것입니다.

나에게 영적 기술을 가르쳐준 모든 사람들에게 감사해야

합니다. 나는 세례 받기 전후에 많은 훌륭한 영적 교사들을 만나는 축복을 누렸습니다. 특히 나에게 세례를 준 폴린(Poulin)신부, 내 아내에게 세례를 주었을 뿐만 아니라 관상적 기독교에 대해서 많은 것을 내게 가르쳐준 비드 그리피스(Bede Griffiths)를 생각하게 됩니다.

최근에 샌프란시스코 신학교에서 개최하고 있는 기독교 영성 프로그램에서 만난 사람들은 나에게 기도하고 일할 수 있는 놀라운 기회를 제공해 주었을 뿐만 아니라 나와 내 가족들을 지원하는 기독교 공동체 역할도 하고 있습니다. 또 미네소타 주 크룩스톤의 주민들, 그리고 세상 안에 있는 교회로서 증거한다는 것의 의미를 결정하기 위해 함께 노력한 제일장로교회 교인들도 생각하게 됩니다.

마지막으로, Upper Room 출판사의 로빈 피핀(Robbin Pippin)과 여러 직원들에게도 감사하고 싶습니다. 그들은 어떤 이유에서인지 나와 이 책 출판을 믿어 주었습니다. 로빈이 검증되지 않는 작가인 나를 지원해준 것은 내 일생에서 가장 큰 기적이라고 생각합니다.

대니얼 월퍼트

머리말

나는 시끄러운 무전기에서 들려오는 대니얼의 말을 이해할 수 없어서 리시버를 귀에 꽂았습니다: "…귀신들은…제자리에 대기하고 있고…사부도 준비가 되어 있습니다…이제 출발하는 것이 좋겠습니다." 나는 미소를 지으며 무전기를 허리에 꽂고는, 커다란 모래 언덕을 달려 사람들이 모인 곳으로 내려갔습니다. 그곳은 마치 인질들이 모여 있는 곳 같았습니다. 60명의 고등학생들과 15명의 어른들이 모두 흰색 눈가리개를 하고 있었습니다. 그들은 한 줄로 서서 뒷사람이 앞 사람의 어깨에 손을 올려놓았습니다. 이렇게 줄을 지어 걸어서 모래언덕을 넘어갔습니다. 태양은 밝고 따뜻했고, 해안의 안개가 우리 주위를 감쌌습니다. 마침내, 울퉁불퉁한 삼나무와 잡초와 모래 언덕으로 둘러싸인 한적한 장소에 도착하여 우리는 앉아서 눈가리개를 풀었습니다.

우리 앞에는 너덜너덜한 베옷을 입은 사부, 사막 교부가 앉아 있었습니다. 그의 얼굴은 주름지고 수염이 길었습니다. 그는 타버린 통나무와 재 앞에 앉아 있었습니다. 그는 눈을 감고 몸을 흔들며 두 손으로는 천을 짰습니다. 우리는 말없이 바닥에 앉아서 그 사람을 뚫어지게 바라보았습니다. 그 때, 적막함 속에서 그 사람이 천천히 기도하는 소리가 들려왔습니다: "예수…하나님의 아들…나를 불쌍히 여기소서. 예수…하나님의 아들…나를 불쌍히 여기소서."

갑자기, 하늘하늘한 천을 두른 귀신같은 인물들이 모래언덕을 기어 내려오면서, 그분의 정신을 산만하게 하기 위해 온갖 말을 속삭였습니다: "너는 시간을 낭비하고 있다…너는 자신이 다른 사람들보다 거룩하다고 생각하고 있다…너는 결혼하여 보람있는 생활을 했어야 했다…" 성 안토니(St. Anthony)는 자기의 영이 계속 하나님을 향하게 하려고 예수의 이름을 부르면서 기도를 계속했습니다. 귀신들은 천천히 물러갔습니다. 이윽고 성 안토니는 자리에서 일어나서 우리에게 인사를 했습니다. 그는 자기가 살아온 이야기를 해주고 젊은 구도자들의 질문을 받아주었습니다. 그는 우리에게 예수 기도를 가르쳐 주고는, 그날 오후 내내 황량한 광야에서 홀로 예수 기도를 하라고 명령했습니다. 우리는 하나님의 현존에 자신을 개방할 장소를 찾으려고 모래언덕들 사이를 돌아다녔습니다.

이것은 내가 대니얼 월퍼트(Daniel Wolpert)를 생각할 때에 떠오르는 모습입니다. 1999년에, Youth Ministry and Spirituality Project에서는 고등학생 지도자들을 위해 한 주일 동안 영적 피정을 개최하고 있었습니다. 대니얼은 몇 주일 동안 기도하고 연구하면서 사막 교부들 중 한 사람인 성 안토니의 역할을 준비했습니다. 우리는 학생들이 기독교 신앙 안에 있는 풍성한 기도의 전통을 경험하고 탐구하는 데 도움을 주려고 노력하고 있었습니다.

나는 대니얼을 살아 있는 사막 교부로 여기기 때문에, 그에게 성 안토니의 역할을 하라고 부탁했습니다. 그는 그리스도의 현존을 알고 그에 의해 변화되기 위해서 오랜 세월 독거생활을 하고 기도하려고 세상의 경력과 편안함을 포기한 기독교 순례자들 중 한 사람입니다. 그는 여러 수도원에서, 그리고 의도적인 기독교 공동체들 안에서 살았습니다. 그는 영적 지도를 실천하고 가르쳐왔습니다. 그는 침묵의 영성형성 피정을 무수히 인도해왔습니다.

이 책은 하나님을 알고 영접하기 위해서 대니얼이 여러 해 동안 탐구하고 노력한 결과입니다. 우리 중에는 대니얼처럼 수도원에서 기도하려고 고물 트럭을 얻어 타고 알래스카로 가는 사람, 또는 살아있는 그리스도를 찾으려고 만원버스를 타고 인도를 횡단하는 사람은 없을 것입니다. 그러나 대니얼은 우리 모두가 구도자의 삶을 살고 있다고 인정합니다. 우리 모두는 자신의 내면에서 하나님을 향한 갈망이 타오르기를 원하며, 자신의 믿음이 "사역"이나 경력으로 전락하는 것을 거부합니다. 대니얼은 이러한 갈망을 알고 있기 때문에, 그에 응답하는 책을 저술했습니다.

대니얼은 기도하는 사람입니다. 그는 침묵의 지루함과 고통과 기쁨을 압니다. 그는 하나님이 주시는 말씀을 기다리는 데 따르는 불안을 알고 있습니다. 그는 규칙적인 기도 생활을 통해서 삶이 서서히 변화되는 것이 어떤 것인지를 알고 있습니다.

또한 대니얼은 안내자이기도 합니다. 그는 지역적으로나 국가적인 배경에서 목사, 영적 지도자, 피정 지도자 등으로 활동해왔습니다. 그는 청소년들과 피정하는 사람들, 목사들과 평신도들, 구도자들과 일생 동안 신앙을 유지해온 신자들의 영적 갈망에 귀를 기울이면서 많은 시간을 보냈습니다. 이 책은 인간의 마음속에서 일어나는 다양한 영적 갈망들과 저항들을 민감하게 감지합니다.

대니얼이 설명하는 기도의 방법들은 "기분 좋을 정도로 쉽습니다." 그러나 우리에게는 허락이 필요한 듯합니다. 우리에게는 공간이 필요합니다. 우리에게는 동반자들이 필요합니다. 이 책은 이 모든 것들을 제공해 줍니다. 우리는 내가 인솔하여 하나님을 찾으려고 한 줄로 서서 앞 사람의 어깨에 손을 얹고 눈을 가리고 비틀거리면서 사막으로 갔던 학생들과 같습니다. 그러나 하나님은 우리에게 안내자들, 길을 가리켜 주는 교사들을 주셨습니다. 대니얼이 이러한 교사들 중 한 사람입니다.

이 책을 읽으면서 이 책이 하나의 "안내서" 이상이라는 것을 알게 됩니다. 이 책은 기도 안에서 예수와 결합하라는 초대요, 우리 마음의 경향과 갈망을 깨달으라는 초대입니다. 이 책을 읽으면서, 기도의 관습들의 배후에 계신 하나님, 단어들 사이에서 기다리시는 하나님을 보다 깊이 의식하게 되기를 바랍니다.

그리고 기도할 때에는 당신이 혼자가 아니라는 것을 아십시오. 다시 말해서, 대니얼 월퍼트가 오늘 하루 중 어느 때에, 미네소타 평원의 어느 곳에서 기도하고 있습니다. 그는 사막의 교부들과 함께 앉아 있습니다. 그는 베네딕트와 줄리안과 함께, 프란시스와 힐데가르드와 함께, 이그나티우스와 안토니와 함께 앉아 있습니다. 그는 우리를 사랑하시는 분, 우리의 손을 붙잡고 인도하시는 분에게 자신을 열고 기도하며 앉아 있습니다. 그는 당신과 나와 함께 앉아 있습니다.

부디, 이 책이 당신에게 힘을 주고 당신을 인도하여 살아계신 그리스도를 세상에 영접하고 맞이하는 기독교인 기도자들의 영원한 공동체로 들어가게 해주기를 기원하는 바입니다.

Mark Yaconelli
샌프란시스코 신학교,
Youth Ministry and Spirituality Project 공동의장

서론

　나는 스무 살 때에 처음으로 영성생활과 기도생활에 대한 깨달음을 받았습니다. 당시 대학을 졸업한 나는 자동차를 얻어 타고서 캘리포니아의 해안 지역에서부터 알래스카로 가기로 결심했습니다. 나는 대상이 확실하지 않지만 무엇인가를 찾고 있었습니다. 나는 세상에 대해, 일상적인 문제들에 대해 깊은 관심을 가지고 있었지만, 정치나 이러한 문제들에 대한 세속적인 접근방법들에 관여해도 항상 만족을 느끼지 못했습니다. 그것들은 문제의 핵심에 이르지 못하는 것처럼 보였습니다.

　그 당시 나는 관상기도에 대해서는 전혀 알지 못했습니다. 내가 아는 기도란 교회의 게시판에 기록된 기도문을 읽는 것, 또는 식사 때에 기도문을 암송하는 것 정도였습니다. 따라서 여행 준비를 하면서 내가 배낭에 관상기도에 대한 책을 집어넣은 것은 특별한 행동이었습니다.

후일, 캐나다 서북부의 유콘 지방의 방대한 광야를 여행할 때 길가에 앉아서 이 책을 읽으면서, 나는 갑자기 이 책에는 인간의 딜레마의 핵심에 도달하는 것이 있다고 깨달았습니다. 그 책에는 우리를 서로에게서 분리시키며 형제자매를 사랑하지 못하게 하는 악을 공격하는 것이 있었습니다. 그것이 관상기도, 즉 교제와 더불어 시작되어 변화로 이어지는 하나님과의 깊은 대화였습니다.

오늘도 나는 관상기도의 가치를 확신하고 있습니다. 이 책을 쓰게 만든 것은 몇 년 전에 타오르기 시작한 이러한 열망과 이상입니다. 우리는 자신의 좁은 세계관이라는 미로에 빠져 길을 잃고 헤매는 피조물입니다. 이 미로에서 빠져 나오는 유일한 방법은 하나님께서 주시는 생명줄을 붙잡는 것입니다. 그러나 우리는 종종 구원—하나님으로부터 소외된 상태에 대한 유일한 해결책—이 바로 우리 앞에 있다는 것을 알지 못합니다. 기도는 우리의 눈을 열어줍니다. 기도는 우리의 정신을 조명해 주며, 우리의 모든 행동 속에 하나님의 사랑이 스며들 수 있게 해줍니다.

이 책은 하나님과 함께 하는 생활 즉, 사랑에 빠진 연인처럼 하나님에 대한 깨달음과 의식에 넋을 잃게 되는 삶에 대한 책입니다. 이것은 그리스도의 마음을 닮는 것, 즉 기도의 여정이라는 과정을 다룬 책입니다. 우리가 자리에 앉아서 기도를 시작하면, 놀라운 것과 도전과 보상이 많은 새로운 땅에 들어갑니다. 우리가 기도를 시작하자마자 이 땅에 들어간다 해도, 우리는 그 땅을 건너가야 합니다. 우리는 처음부터 목적지에 도착한 것이 아닙니다.

과거에 내가 그랬듯이, 많은 사람들은 기도는 공식을 암송하는 것이거나 하나님께 도움을 구하는 것에 불과하다는 인식을 가지고 기도를 시작합니다. 나는 당신이 이 책을 읽으면서 훨씬 더 풍요롭고 심오한 것을 만나기를 기대합니다. 나는 당신이 단순히 정보를 얻거나 기도하는 기법을 얻기 위해서가 아니라 기도하기 위해서 이 책을 읽기를 바랍니다. 당신은 처음에는 단순히 교회의 게시판에 붙여놓은 기도문을 읽듯이 문장들의 문자적 의미를 이해하기 위해서 이 책을 읽을지도 모릅니다. 그러나 곧 당신은 책장에 기록된 단어들보다 더 심오한 것과 관계를 갖게 되는 과정에 끌려들어가는 자신을 발견할 것입니다. 당신은 이 책을 읽고 되새김하면서, 직접 하나님께 아뢰어야 한다는 부르심을 느낄 것입니다.

이와 같이 심오한 형태의 기도는 즉석에서 생겨나는 것이 아닙니다. 하나님과 함께 하는 이 새로운 방법에 적응하려면 시간이 필요합니다. 나는 여행을 마치고 돌아온 후에, 침묵 속에 시간을 보내면서 이 새로운 방법으로 기도하기 시작했습니다. 한동안 내가 노력하여 얻은 것은 등이 쑤시고 발이 저린 것이었습니다. 그러나 서서히, 그러나 확실히 어떤 일이 발생하기 시작했습니다. 나는 기도할 때에 혼자가 아니라는 것, 관상기도라고 불리는 이 기도가 참으로 나를 인도하여 살아계신 예수와 만나게 한다는 것을 깨닫기 시작했습니다.

기도하는 경험에서의 더딘 변화는 여정이라고 할 수 있으며, 이 여정에서 사용되는 탈것은 이 책에 묘사된 기도방법들입니다. 게다가, 각 장에서는 각각의 기도 방법과 관련된 역사적 인물들을 강조하여 다룹니다. 이러한 기도자(pray-er)들은 우리에게 유익한 훈련들을 만들어내고 사용했습니다. 우리의 여정은 홀로 행하는 것인 동시에 단체적인 것이므로, 우리에게는 그들이 필요합니다. 그것은 우리가 가는 길인 동시에 교회가 가야 할 길이기도 합니다. 이 책에 등장하는 인물들은 여행의 동반자들입니다. 그들은 우리 앞에 놓인 "길"(Way, 기독교의 원래의 명칭)을 걸어간 사람들입니다: 오늘 그리스도를 찾는 우리는 기도를 시작할 때에, 우리 앞에서 상한 세상의 먼지투성이의 길을 걸어가시는 부활하신 예수님을 보려고 그분들의 어깨 위에 올라섭니다.

이 책에서는 이 역사적인 인물들의 저술들 및 우리에게

이러한 옛 여정들을 드러내주는 전거들을 인용합니다. 인용문들에 대해서는 괄호 안에 그 책의 제목과 참조한 쪽수를 기록해 놓았습니다. 그리고 참고문헌에 이러한 전거들을 완전히 수록해 두었습니다.

기도의 실천

그러나, 왜 기도를 "실천합니까?" 사람들은 종종 이러한 질문을 합니다. 그들은 자기들이 하루 중 특별한 시간에만 기도하는 것이 아니라 항상 기도한다고 주장합니다. 사람들은 하루의 일정표 안에 기도 시간을 배정하기를 거부합니다.

바울이 말한 것처럼, 영성생활의 목표는 쉬지 않고 기도하는 것입니다(살전 5:17). 우리는 앞으로 이 목표를 진지하게 받아들인 한 사람의 순례자를 만나게 될 것입니다(제3장). 그러나, 우리의 인간적인 상황을 고려해볼 때, 만일 우리가 전혀 기도를 실천하지 않고서도 매 순간 하나님을 의식할 수 있다고 믿는다면, 그것은 자신을 기만하는 일이 될 것입니다. 그러한 묘기는 전혀 연습이나 훈련을 하지 않고서 올림픽 경기에 출전하는 것과 비교할 수 있을 것입니다.

기도는 습관입니다. 하나님의 음성을 듣는 방법을 배우

려면 시간이 걸립니다. 우리의 삶 속에서 일하시는 하나님의 손을 보려면 시간이 필요합니다. 이렇게 하나님의 음성을 듣고 하나님의 손길을 보는 것은 어려운 일이기 때문에 시간이 필요합니다. 언젠가 나는 기도회에서 침묵기도를 도입하면서 "이제 하나님의 음성을 듣는 시간을 갖겠습니다"라고 말했습니다. 그 때, 여러 가지 염려와 싸우고 있던 한 여인이 "저에게 들리는 것은 온통 천정에서 돌아가는 선풍기 소리뿐입니다"라고 말했습니다. 하나님의 음성은 종종 아주 부드럽습니다.

기도는 하나님께서 우리 마음에 두신 소원을 찾기 위해서 우리 자신의 갈망을 내려놓는 기술입니다. 그것은 우리의 정신의 분심들을 의식하고 나서 그것들을 내려놓는 것입니다. 그러한 훈련을 거듭하다 보면, 우리가 행하는 모든 것 안에서 하나님을 보는 데 능숙해집니다.

하나님의 임재를 의식함

"하나님을 보는 것" 또는 "하나님의 음성을 듣는 것"이란 무엇을 의미합니까? 이것은 중요한 질문입니다. 우선, 이것은 환영들을 보는 것이나 머릿속으로 실제의 음성을 듣는 것에 대해 말하는 것이 아닙니다. 나는 우주 안에서 일하는 우리 자신이 아닌 "타자"를 우리에게 암시해 주는 경험에 대해 말하고 있습니다.

이 책을 읽으면서 보게 되겠지만, 이러한 기도 방법들은 각기 다른 방법으로 이 "타자에 대한 의식을 경험할 기회를 줍니다. 우리는 어떤 느낌, 생각, 그림, 행동, 사람, 완전한 침묵 등을 통해서 하나님의 음성을 들을 수 있습니다. 그러나 이 모든 음성들이 "하나님의" 음성이 아닐 수도 있기 때문에, 기도를 반복함으로써 하나님의 음성을 분별하는 연습을 해야 합니다!

처음에는 하나님이 우리의 의식 속에서 순간적인 빛의 깜박임처럼 감지할 수 없을 정도로 순식간에 우리의 생각들의 배경을 가로질러 지나가는 그림자처럼 나타날 수도 있습니다. 그 때에 우리는 자신이 "하나님을" 숙고한다고 생각할 수도 있지만, 실상은 그렇지 않습니다. 여러 시간, 여러 주, 여러 해가 지나면, 우리는 서서히 실제로 자신이 언제 하나님의 음성을 듣는지 확실히 알기 시작합니다(물론 우리가 절대적으로 확실하다고 느끼지만, 그렇지 않을 수도 있습니다).

하나님의 현존 의식이 증가함에 따라, 기도의 실천은 우리의 직장, 우리의 여가, 우리의 가정, 우리의 여러 가지 관계들 안에서 열매를 맺기 시작합니다. 우리는 순간순간 하나님께 주목하면서 성령과 함께 자유로이 이동하기 시작합니다. 기도는 영성생활의 목표가 아니라 수단입니다. 이 책에서 대할 역사적 인물들은 기도 방법들을 만들어내고 그것들을 이 목표와 함께 자신의 신앙생활 속에 결합해 넣은 사람들입니다.

바로 앞의 진술과 관련하여, 한 가지 주의해야 할 것이 있습니다. 우리는 이러한 기도 방법들이 역사적으로 어느 한 시점에서 창안되었다고, 어느 거룩한 사람이 각각의 방법을 만들어내어 교회 안에서 사용했다고 믿으려 합니다. 그러나, 실제는 그렇지 않습니다. 이 책에서 다루어지는 각각의 방법은 사람들이 하나님을 찾기 시작한 이래로 계속 어떤 형태로 존속되어온 것들입니다.

사람들은 자신의 일상생활 속에서 하나님에 속한 것의 표식을 찾기 위해서 항상 성경, 침묵, 창조력, 상징, 몸, 침잠(沈潛) 등을 사용해왔습니다. 실제로, 우리 모두는 이미 이것들을 사용하고 있지만, 대부분의 경우에 이러한 찾는 과정을 의식하지 않습니다. 하나의 특별한 형태의 기도가 행하는 것은 하나님을 향한 의도적인 탐색을 조직하고 표시하고 이룩하는 것인데, 그 일은 이미 우리 각 사람 안에서 이루어지고 있습니다. 기도는 파악하기 어려운 현존을 소유한 동반자와의 대화입니다. 하나님은 유형적인 형태를 취하시지 않으므로, 이러한 대화를 시작하기 위해서 우리는 동원할 수 있는 모든 자원을 사용합니다.

역사, 그리고 여행의 동반자들

기도 방법들의 보편적인 본질에도 불구하고, 믿음의 역사 안의 어떤 시점에서 특정 장소에 있는 특별한 사람들이 특별한 기도 방법을 제시했습니다. 이러한 순간에 기도 방법들은 명료성을 취하여, 그들로 하여금 보다 큰 교회를 의식하게 만들었습니다. 그리하여 그것들은 전보다 더 많은 사람들이 이용할 수 있게 되었습니다; 그것들은 믿음의 공용어가 되었습니다. 이 책에서 다루어진 사람들은 기독교 역사에서 중요한 위치를 차지하는 사람들 중 극히 일부에 불과합니다.

이들 중요한 기도의 사람들에 대해서 말하기 전에, 내가 역사를 사용하는 방법에 대해 언급하려 합니다. 과거 30년 동안, 포스트모더니즘은 우리로 하여금 역사를 "객관적인 사실들"에 대한 자세한 언급이 아니라 "이야기들"의 서술이라고 여기게 만들었습니다. 이제는 역사를 어떤 방식으로 발생했던 것이라고 말할 수 없습니다; 우리는 역사의 이야기를 말하는 방법들을 고르고 선택합니다. 심지어 어떤 사람들은 역사라는 것은 없다고 주장합니다; 우리는 과거라는 빈 석판에 우리 자신의 심상들을 기록합니다.

이 책은 역사서가 아닙니다. 이 책에서는 선택된 사람들에 대해 이야기하지만, 그들의 사회적 상황과 문화적 상황에 대해 모든 것을 이야기하지는 않습니다. 이러한 사람들 및 그들의 시대에 대한 완전한 분석을 제공하지도 않을 것입니다. 이 책에서 나는 하나의 이야기를 할 것인데, 그 이야기는 나 자신의 편견과 견해와 소원에 의해 왜곡된 하나의 단순화한 이야기입니다.

따라서, 나 자신의 기본적인 편견들을 드러내 놓아야 합니다. 그것들은 다음과 같습니다: 이러한 사람들이 자신을 발견한 특별한 상황이 어떤 것이었든지 간에(현대인이 아닌 그들은 시간적으로 멀리 떨어진 시대에 사는 우리가 의식하는 것과 동일한 의미에서 자신의 상황들을 의식하지 않았습니다), 하나님은 어떻게든지 그들을 통해서 강력하게 말씀하셨다. 어떻게 해서든지, 성령은 그들의 시간과 장소 안에서 그들 안에 뿌리를 내리셨고, 그들 주위에 있는 사람들은 이러한 그리스도의 마음의 현현을 목격했습니다. 이 책에서 나는 간단한 이야기를 하면서 그들의 이야기들의 "영적 본질"을 포착하려 합니다. 그들의 이야기들은 여러 가지 방법으로 이야기될 수 있으며 또 내가 이야기하지 않는 다른 측면들도 가지고 있을 것입니다. 어쨌든 나는 하나님께서 이 사람들을 통해서 말씀하셨다고 믿습니다. 나는 적어도 부분적으로는 그들은 자신의 기도 방법 때문에 하나님의 음성을 들었다고 믿습니다. 그러므로, 이러한 기도 방법들에 대해 알고 동참하고 배우는 것은 가치 있는 일일 것입니다.

이 사람들의 대부분은 수도 공동체들 안에서 살았습니다. 이러한 공동체들이 항상 기도의 관습을 배양했다는 것을 고려해보면, 이것은 그리 놀라운 사실이 아닙니다. 지난 세기에, 이러한 공동체들이 감소했고, 서구에서는 거의 사라졌습니다. 그러나 기도의 관습은 사라지지 않았습니다. 오히려 우리는 소위 세속 세상에 살고 있는 우리 가운데서 기도와 관상에 대한 관심이 폭발적으로 증가하는 것을 목격하고 있습니다.

이러한 변화를 바라보노라면, 수도원이라는 덩굴에서 기도의 열매가 익고, 덩굴이 시들면서 익은 꼬투리가 벌어지고 씨앗들이 땅의 표면에 흩어져 창조 세계 전체에서 새로운 열매를 맺는 듯합니다.

열두 가지 기도 방법

이 책의 목적은 새로운 성장을 육성하는 데 도움을 주는 것입니다. 그 목적을 위해서, 이 책의 각 장에서는 열두 가지 기도 방법들을 제시하고 아울러 그에 상응하는 역사적

인물들에 대해 묘사하려 합니다. 각 장에서는 그 기도 방법을 개인이나 집단에서 사용하는 방법에 대해 묘사합니다.

그룹을 지도하는 사람들은 기도 방법들을 가르치기 전에 자신이 직접 실천하여 그 방법에 친숙해져야 합니다. 자료 전체를 훑어보는 것도 유익할 것입니다. 처음 두 장은 나머지 내용의 기초가 됩니다. 제1장에서는 독거와 침묵이라는 일반적인 기도 방법에 초점을 두고서 사막 교부들에 대해 묘사합니다. 이 두 가지 훈련은 다른 모든 방법에 반드시 필요한 "경청"의 기술을 배양해 주는 중요한 요소입니다. 제2장에서는 *lectio divina*, 거룩한 독서에 대해 설명합니다. 이 기도 방법은 구도자로 하여금 성경의 세계 안에 기초를 두게 합니다. 거룩한 독서는 성경이 하나님의 말씀이라는 취지를 취합니다. 이것의 목적은 하나님께서 지금 여기에서 말씀을 통해서 어떻게 말씀하시는지 듣는 것입니다. 이 방법과 관련된 여행의 동반자는 성 베네딕트(Saint Benedict)입니다.

3-7장에서는 본질상 "정신적"(mental)인 기도 방법에 대해 묘사합니다. 이 방법들은 하나님을 알기 위해서 정신을 사용하는 것에 초점을 둡니다: 예수기도, 침묵의 관상기도, 규문(糾問, 죄를 따져 물음), 창조력, 그리고 일지쓰기 등. 이 방법들에 상응하는 역사적인 인물들은 『무지의 구름』

(*The Cloud of Unknowing*)의 저자인 익명의 순례자, 로욜라의 이그나티우스(Ignatius of Loyola), 빙겐의 힐데가르드(Hildegard of Bingen), 그리고 노리지의 줄리안(Julian of Norwich) 등입니다. 이 사람들은 기도생활을 깊게 하기 위해서 정신적인 기능들을 강력하게 사용했습니다.

8, 9장에서는 정신에 초점을 두지 않고 피조 된 몸에 초점을 두며(제8장), 하나님께서 우리에게 주신 육적 존재가 기도할 때에 사용할 수 있는 도구는 미로입니다(제9장). 제8장에서는 우리의 몸을 기도의 집으로 사용할 수 있는 방법을 보여주기 위해서 솔로몬의 아가를 사용하며, 제9장에서는 기도의 여정을 가시적이고 실질적인 것으로 만드는 수단으로 걷기(walking)를 사용해온 기독교 공동체들에 대해 탐구합니다.

10-12장에서는 개인적인 차원을 넘어서, 기도 생활에 우리의 삶과 세상을 결합하는 방법을 보여줍니다. 여기에서 다루어지는 기도 방법은 자연, 우리의 생계, 우리의 공동체 등이며, 아씨시의 프란시스, 베긴회(Benuines: 중세 말기의 여성들의 집단), 그리고 성 베네딕트가 함께 다루어집니다. 이 마지막 기도 방법을 사용하면, 우리는 실존의 모든 측면에서 깊이 기도할 수 있습니다.

먼 과거로부터 우리에게 다가오는 이러한 인물들을 만날

때에, 이러한 기도 방법들을 배우고 우리의 삶에 결합시킬 때에, 우리는 여정을 진행해 나갈 수 있는 힘을 얻습니다. 우리는 하나님과 더욱 친밀해지며, 우리를 향한 하나님의 부르심을 경청하는 데 더 능숙해집니다. 우리는 길(Way)—사랑의 길, 치유의 길, 평화의 길—에서 예수를 만납니다.

예수님이 이끄시는 대로 맡기십시오. 예수님을 따라 당신의 정신 속으로 들어가십시오. 영혼 깊은 곳에서 하나님께 외치고 대답을 기다리십시오. 이 책을 읽으면서 기도하십시오. 이 책을 펼치는 모든 사람이 이 거룩한 여정에 동참하게 되는 것이 나의 희망이요 기도입니다.

제1장
독거와 침묵 Solitude And Silence
여정의 시작

여행의 동반자: 사막 교부들

하나님의 음성을 듣기 위해서
왜 침묵이 필요하며,
침묵 속에 홀로 기도할 때에
어떤 일이 일어나는가?
우리는 자신에 대해 초연하기 시작하며,
그것은 우리가 하나님의 음성을 듣는 것을
허락해준다.

아마 당신에게는 다음과 같은 경험이 있을 것입니다: 당신은 얼마 동안 기도하기로 결심합니다. 하루 중 어느 때에 교회에 가서 기도하거나, 당신의 집에 특별한 기도 장소를 만들 수도 있을 것입니다. 또는 당신이 즐겨 찾는 외부 장소가 있을 것입니다. 당신은 이런 장소로 가서 30분 동안 하나님과 함께 지내기로 마음먹습니다.

시간이 되면, 당신은 학교나 직장에서 시간을 내어 당신이 정한 기도의 장소로 가서 자리 잡습니다. 그런데 그때 급히 전화를 걸어 주어야 할 일이나, 라디오를 켜 놓았다는 생각이 들 것입니다. 당신은 가서 그 문제를 해결합니다. 다시 기도의 장소에 돌아왔으나, 이번에는 옷차림이 편하지 않다는 느낌이 들면서 편안한 스웨터를 입으면 기도가 잘 될 것 같은 생각이 들 것입니다. 그래서 당신은 다시 그 자리를 떠나 옷을 갈아입습니다.

다시 기도하려고 돌아왔으나 마음이 평온하지 못하기 때문에, 당신은 기도를 시작하기 전에 정신을 집중하기 위해서 성경을 읽어야 한다고 생각합니다. 몇 분 동안 생각한 후에, 적절하다고 생각되는 구절을 찾아 읽습니다. 그런데, 그 때 휴대폰이 울립니다. 당신은 전화를 건 사람이 누구인지 알고 싶은 충동을 견디지 못하여 전화를 받습니다.

10분 동안 통화를 하고 나니, 정신이 산만해집니다. 당신은 그날 해야 할 일이 많다는 것을 깨닫습니다. 시계를 보니, 30분으로 정해놓은 기도 시간 중에서 25분이 흘렀습니다. 당신은 스스로에게 지금은 기도하기에 적절한 시간이 아니라고 말하면서 저녁 때 다시 기도하겠다고 맹세하고 나서, 남은 하루를 일상적인 일을 행하면서 바삐 보냅니다.

하나님에 대한 명백한 사실, 교회에서 항상 어린아이들이 지적하여 어른들을 곤란하게 만드는 사실, 즉 우리가 하나님을 볼 수 없다는 사실 때문에, 기도하는 것이 한층 어렵습니다. 하나님은 보이지 않으며, 나무나 사람들이 존재하는 방식으로 현존하시지 않습니다. 그렇기 때문에 사람들은 우상을 만들고 숭배합니다. 우리는 만지고 느끼고 붙잡을 수 있는 유형적인 것을 원합니다. 이스라엘 백성이 불기둥을 보지 못하게 되었을 때, 모세가 혼자서 산에 올라간 후에 그들이 홀로 남아 두려움을 느꼈을 때, 금속에 불과한 금송아지가 약간의 안전감과 희망을 제공해 주었습니다(출 32:1-6).

따라서, 만일 우리가 기도하려 한다면, 이러한 어려움들, 우리 자신이 하나님 앞에 가서 기도하려고 생각할 때에 다가오는 도전들에 대처하는 방법이 필요합니다. 그 방법은 침묵과 독거의 동산에서 배양되는 경청의 방법입니다. 하나님의 음성을 경청하는 이 능력은 기도의 핵심이 되는 기술입니다.

사막으로 들어감

초대 교회 시절, 많은 기독교인들은 자기들이 살아있는 동안에 예수께서 재림하실 것이라고 믿었습니다. 그들은 머지않아 자기들이 다시 하나님을 볼 것이라고 믿었습니다. 하나님의 나라, 하나님의 통치가 오고 있었습니다. 이 소망은 신자들에게 큰 힘과 용기를 주었습니다.

그러나 세월이 흐르면서, 이러한 견해는 시들기 시작했습니다. 교인들은 죽기 시작했습니다. 여러 해가 흘렀으나 예수는 재림하시지 않았습니다. 사람들은 자기들이 더 오래 기다려야 한다는 것을 깨달았습니다. 이러한 깨달음이 자리를 잡으면서, 사람들은 세상의 분심(分心)거리들, 그리스도의 마음을 찾으려는 사람들이 직면하는 어려움들을 한층 더 크게 깨닫기 시작했습니다. 이러한 깨달음이 커지면서, 팔레스타인과 이집트에서는 많은 사람들이 특별한 행동 방식을 추구했습니다. 즉 그들은 하나님을 찾기 위해서 사막으로 들어갔습니다. 결국 이 사람들은 현재 우리가 사막 교부들이라고 알고 있는 사람들이 되었습니다. 그들은 하나님을 찾기 위해서, 이 세상에서 기도하고 구원의 경험을 실현하기 위해서는 독거와 침묵을 추구해야 한다는 것을 깨달았습니다.

이들 사막에서 생활한 기도의 사람들이 받은 은사들이 그들의 삶에 대한 말이나 이야기 속에 담겨져 우리에게 전해지고 있습니다. 이러한 자료들을 통해서, 우리는 그들도 우리가 기도할 때에 직면하는 것과 동일한 어려움들에 직면했었다는 것을 알 수 있습니다. 그들도 기도할 때에 정신을 집중하지 못하고 분심되었습니다. 그들은 하던 일을 마치기를 원했습니다. 그들은 기도할 완벽한 장소를 찾아 돌아다니고픈 유혹을 받았습니다. 그들의 말을 수집해 놓은 것은 이러한 유혹들에 대한 저항, 이 어려운 삶으로 부름을 받은 사람들을 위한 가르침과 격려의 책이 되었습니다.

> 사부 안토니가 말했습니다: 물고기가 마른 땅에 올라오면 죽는 것처럼, 수도사들도 수실을 떠나 있거나, 세상 사람들과 함께 거주하면, 홀로 기도하려는 결심을 잃게 됩니다. 그러므로, 물고기가 바다로 돌아가야 하듯이, 우리가 외부에 머물러 있어 자신을 내적으로 지켜보아야 한다는 것을 망각하지 않으려면 우리도 수실로 돌아가야 합니다.(*Wisdom of the Desert*, 29)

이러한 격려의 말에는 다음과 같은 분명한 불변의 메시지가 담겨 있습니다: 만일 그대가 삶 속에서 하나님의 현존을 찾기를 원한다면, 침묵하며 기도 안에 머무십시오. 이러한 내적 정적을 통해서만 예수님의 음성을 들을 수 있습니다.

중심에 계신 하나님

하나님의 음성을 듣기 위해서 침묵이 필요한 이유는 무엇이며, 우리가 홀로 고독하게 기도하는 침묵 속에 들어갈 때에 어떤 일이 일어납니까? 홀로 침묵할 때에 우리는 자신에 대해 초연하게 되는데, 이것은 우리가 하나님의 음성을 듣는 것을 허락합니다. 하나님은 매우 은혜로우시며 오래 참으시는 분이십니다. 하나님은 우리를 훼방하시거나 무례하게 우리의 일에 개입하시지 않습니다. 혹시 우리가 하나님을 무시하는 편을 택해도, 하나님은 그것을 허락하십니다. 그것이 십자가에서 죽으신 하나님의 겸손입니다. 그러므로, 만일 우리가 기도하기를 원한다면(이것은 하나님이 우리에게 말씀하시고 우리를 가르치시고 변화시키실 가능성에 대해 우리 자신을 개방하는 것을 의미합니다), 우리는 자신이 만들어온 바쁜 세상 안에 공간을 만들어야 합니다. 옛날 사막으로 들어갔던 사람들처럼, 우리도 세상이 우리를 압도하지 못하는 곳으로 가야 합니다.

우리가 그러한 장소에 앉아 침묵할 때, 우리의 정신을

창조주께 향할 때, 하나님이 우리 세계의 중심이 되시는 것을 허락하는 과정이 시작됩니다. 보통은 우리가 그 중심적 위치를 차지합니다. 우리는 자신의 삶의 속도를 조정합니다; 우리가 일정을 정하고, 언제 어떤 일을 할 것인지를 결정합니다. 그러나 독거의 실천은 이 순서를 완전히 뒤집어 놓습니다. 갑자기, 활동이나 일상적인 잡일들의 목록이 없고 우리의 일정에 중요하게 작용하는 것도 없는 텅 빈 공간과 시간이 우리 앞에 놓입니다. 우리는 자신을 하나님의 처분에 맡기며, 하나님께서 언제 나타나실 것인지, 또는 하나님이 과연 나타나실 것인지 알지 못합니다. 그것은 중요하지 않습니다.

우리, 특히 유능하고 성공한 사람들은, 그와 같은 겸손한 자세에 익숙하지 못합니다. 어찌 하나님이 감히 우리를 기다리게 하신단 말입니까! 그것은 시간적으로나 공간적으로 적절하지 못합니다. '오늘은 등이 아파서 정말로 집중할 수 없다.' 사막의 지혜는 서서히 그러한 생각을 제거합니다.

> 한 형제가 파스토르(Pastor) 사부에게 와서 말했습니다: "나의 정신 속에 분심하게 만드는 생각들이 밀려와서 나를 위험하게 만듭니다." 사부는 그를 야외로 데리고 가서 "웃옷을 벗고 가슴으로 바람을 맞아 보거라"라고 말했습니다. 그러나 형제는 "그렇게 할 수 없습니

다"라고 대답했습니다. 사부는 "그대가 바람을 맞을 수 없다면, 분심하게 만드는 생각들이 그대 머릿속에 들어오는 것도 막을 수 없을 것이다. 그대가 해야 할 일은 그 생각들을 부인하는 것이다"라고 말씀하셨습니다.(*Wisdom of the Desert*, 43)

침묵이란 하나님의 음성인 생각들과 느낌들을 듣고 인정하기 위해서, 우리 자신의 세계를 이루는 생각들과 느낌들의 끝없는 흐름을 부인하는 것입니다. 그러나 그 두 가지의 차이점을 어떻게 구분합니까? 그러한 분별은 경험에서 옵니다. 우리는 하나님을 볼 수 없기 때문에, 하나님께서 우리 마음에 심어 주시는 갈망과 우리의 이기적인 소원에서 생겨나는 것을 쉽게 구분할 수 없습니다. 이와 같은 잠재적인 혼동 때문에 우리는 경청하는 기술, 이 책에서 묘사하는 모든 방법의 기초가 되는 기술을 계발해야 합니다. 이러한 방법들을 사용하기 시작하면서, 우리는 서서히 자신의 수다스러운 내적 대화 너머로 하나님의 음성을 듣기 시작합니다.

경청하는 학습

나는 기도의 여정 중 어느 지점에서, 사흘 동안 산꼭대기에 올라가서 지내기로 결심했습니다. 나는 물과 슬리핑 백 외에는 텐트나 책이나 필기도구 등 아무 것도 가지고 가지 않을 작정이었습니다. 나는 홀로 침묵 속에서 시간을 보내려 했습니다. 물론 하나님이 즉시 나타나셔서 나에게 말을 거실 것이라고 기대했습니다.

그리하여 나는 산을 향해 출발했습니다. 산 밑 주차장에서부터 꼭대기까지 거리는 약 5km였습니다. 나는 기운차게 출발했습니다. 곧 하나님과 대화할 것이라는 기대 때문에 크게 흥분해 있었습니다.

마침내 산꼭대기에 도착하여, 슬리핑백과 물병을 곁에 두고 앉아서 기도하기 시작했습니다. 그런데 아무런 일도 일어나지 않았습니다. 곧 다리가 저리고 등이 뻣뻣해지기 시작했습니다. 나는 하나님이 아닌 온갖 것들을 생각하고 있었습니다. 특히 시간이 얼마나 지났는지를 생각하고 있었습니다. 더 이상 견딜 수 없어서, 시계를 보았습니다. 겨우 20분이 지나 있었습니다. 하나님도 없고 계시도 없이, 허리만 쑤시는 상태로 이틀이 지났습니다.

웃음이 나오기 시작했습니다. 그 순간, 기도에 대한 많은 견해들, 그리고 기도의 사람으로서의 나의 존재에 대한 생각들이 땅에 굴러 떨어졌습니다. 분명히 기도는 내가 "행할" 수 있는 것이 아니었습니다. 그것은 내가 일으키거나 존재하게 만들 수 있는 것이 아니었습니다. 하나님은 나를 창조하셨지만, 나는 하나님을 만들 수 없었습니다. 그러므로 내가 원할 때에 하나님으로 하여금 나에게 말씀하시게 만들 수 없었습니다. 나는 들어야 했으며, 그것은 내가 무엇을 언제 들어야 할지 알지 못한다는 의미였습니다.

그렇게 사흘 동안 산꼭대기에서 지냈습니다. 하나님의 음성도 들리지 않았고, 모습도 나타나지 않았습니다. 그러나 나는 하나님의 음성을 듣는 것 및 그 방법에 대해서 무엇인가를 배웠습니다: 나의 정신적인 습관들과 온갖 분심들을 헤치고 듣는 것; 내가 듣고 싶지 않을 때에도 듣는 것—나의 몸이 쑤실 때, 시간적으로 좋지 못할 때, 아무도 나에게 말을 걸려 하지 않을 때. 내가 깨달은 것들 중 하나는 다음과 같습니다: 만일 내가 기도에 충실하다면, 만일 효과가 없을 것처럼 보일 때에도 기도한다면, 나는 결국 하나님이 현존하신다는 것에 주목하기 시작할 것입니다.

사막 교부들이 발견했으며 수백 년의 세월을 거쳐서 나에게 이야기해주는 교훈은 이것입니다: 만일 그들이 그곳에 머문다면, 즉 마귀들의 공격을 받고 정신이 분심될 때에도 수실에 머물면서 계속 기도한다면, 결국 예수께서 그들의 마음과 정신 속에 들어오실 것이며, 그분의 구원하시는 은혜가 그들을 변화시킬 것입니다. 그들은 자기들에게 주시는 그분의 말씀을 들을 것이며, 하나님은 그들의 마음에 새 법을 기록하실 것입니다(렘 31:33).

침묵할 수 있는 기회를 발견하십시오

독거와 침묵을 실천하려면 어떻게 해야 합니까? 우리 모두는 홀로 사막으로 들어가거나 산꼭대기로 올라가는 부름을 받고 있습니까? 그렇지 않습니다. 또 침묵을 실천하기 위해서 그러한 행동들이 필요한 것도 아닙니다. 그러나, 이 장 첫 부분의 시나리오에서 볼 수 있듯이, 침묵이 우리에게 도전합니다; 침묵을 시작하려면 어느 정도의 훈련과 헌신이 필요합니다. 위에서 언급한 것처럼, 침묵과 독거는 이 책에서 탐구하려는 모든 기도 방법의 기초입니다. 그러한 기도 방법들을 실천하고 그로 인해 힘을 얻으려면 침묵 속에 머무는 능력이 필요합니다.

독거를 실천하는 가장 좋은 방법은 하루 중 자연스럽게 침묵할 수 있는 시간이 언제인지 알아보는 것입니다. 무척 바쁜 사람들에게도 홀로 있는 순간, 아무 일도 발생하지 않는 순간들이 있습니다. 흔히 우리는 이러한 순간들을 무시하거나, 그 순간들을 채울 방법을 찾습니다. 그러나 그렇게 하지 않고 그 순간들을 감상하거나 음미할 수 있습니다. 우리의 내면을 향하고 우리의 느낌들에 주의를 집중하는 데 이러한 순간들을 사용할 수 있습니다.

자동차를 타고 가는 시간은 탁월한 잠재적 침묵 시간입니다. 비록 운전을 하는 데 집중해야 하지만, 그 시간은 우리가 홀로 침묵할 수 있는 시간입니다. 보통 우리는 이 시간을 음악을 들으면서 보냅니다. 다음에 운전을 할 때에는 다른 일을 시도해 보십시오. 운전을 하는 동안 어떤 기계 장치도 켜지 마십시오. 그 시간을 기도하는 데, 단지 고요히 지내는 데 사용하려 한다고 하나님께 말씀드리십시오. 그리고 나서 무슨 일이 일어나는지 지켜보십시오. 마음속에서 일어나는 생각들과 감정들을 지켜보십시오. 당신의 산만한 생각들에 주목하십시오. 당신의 정신 상태, 마음의 상태는 어떠합니까? 당신은 평화롭습니까? 당신은 화가 나 있습니까? 슬픕니까? 당황하고 있습니까? 그날 당신은 하나님에 대해 생각했습니까? 목적지에 도착하면, 운전하는 동안 일어난 모든 일에 하나님께서 동행하셨음에 감사하십시오. 혹시 "좋은 경험"을 하지 못해도, 당신 자신을 꾸짖지 마십시오. 다음에 다시 시도해 볼 수 있습니다.

하루 중 다른 때에도 이러한 훈련을 시도해 볼 수 있습니다. 일단 이러한 질문을 시작하고 그 대답에 주목하게 되면, 내면생활에 대한 호기심이 배양됩니다. 당신은 자신의 존재 상태에 귀를 기울이기 시작합니다. 하나님의 돌보심의 샘에서 물을 마시려고 잔잔한 물속으로 들어갈 수 있습니다. 침묵은 원수가 아니라 환영받는 손님이 됩니다. 침묵과 사귀는 동안에, 그것을 실천하는 것이 한층 쉬워질 수 있는 기회에 주목하십시오.

침묵 속으로 더욱 깊이 들어가십시오.

당신은 이미 침묵을 즐기고 있을 수도 있습니다. 당신은 홀로 지내는 고요한 시간을 좋아하며, 당신의 생각과 느낌들이 오로지 당신에게만 속해 있는 순간들을 즐기고 있을 수도 있습니다. 그러한 즐거움은 침묵 속으로 더욱 깊이 들어가라는 초대, 기도하는 데 더 많은 시간을 보내며, 또 다른 기도 방법을 계발하라는 초대를 제공할 수도 있습니다.

이러한 깊음으로의 초대를 기도를 향한 보다 큰 동경으로 경험할 수도 있습니다. 기도하는 시간을 떼어놓는 것이 전보다 더 쉽게 여겨집니다. 아니면, 기도를 위한 피정 광고에 관심을 기울이며, 거기에 참석할 시간을 할애합니다. 이것들은 하나님으로부터의 부르심, 신적 현존으로 당신을 이끌어 들이는 것들입니다. 그것들에게 주목하며, 그것들로 인해 감사하십시오.

침묵이 자연스럽게 임하든지, 아니면 하나의 도전으로 임하든지 간에, 각 사람은 경청을 계속할 수 있습니다. 하나님께서 우리에게 예수께서 우리를 부르시는 거룩한 세계인 하나님 나라의 경이를 더욱 더 개방하시는 것을 허락할 수 있습니다.

그룹 침묵의 실천

하나님의 나라에 대한 이러한 언급—하나님의 사랑의 통치가 가장 중요한 것이 되는 사회라는 고대의 개념—은 공동체라는 문제를 제기합니다. 내가 다니는 교회는 어떠합니까? 내가 참석하는 주일 학교, 성경공부, 또는 언약 그룹(covenant group)은 어떠합니까? 만일 기도하는 데 있어서 침묵과 독거가 그처럼 중요하다면, 이러한 그룹들은 어디에 적합합니까?

사람들은 살아가면서 그룹 안에서 침묵을 실천할 기회를 원합니다. 예를 들면, 그룹 모임에 침묵 시간을 배정할 수 있습니다. 단체로 식사를 하는 동안에 침묵을 실천하기로 결정할 수도 있습니다. 함께 버스를 타고 가는 동안에도 침묵할 수 있습니다. 이야기를 하거나 음악을 듣거나 영화를 보는 대신에, 침묵하면서 여행하기로 언약할 수 있습니다.

역설적인 것은, 사막 교부들이 침묵을 더욱 추구할수록, 더 많은 사람들이 그들을 찾아왔다는 것입니다. 그들이 생활하는 동굴 가까이에 도시들이 생겨났기 때문에, 어떤 수도사들은 자기의 수실 입구에 방책(防柵)을 쌓기도 했습니다. 그러나 사람들은 여전히 충고나 영적 지도를 받기 위해 그들을 찾아오곤 했습니다. 그들은 주로 두 가지 이유에서 그들을 찾아왔습니다. 첫째, 사막 교부들의 영적인 능력이 구원을 찾고 있는 사람들을 그들에게로 이끌었습니다. 예수님의 사랑을 절대적으로 필요로 하는 세상에 기도와 구원의 열매들을 나누어주어야 한다는 하나님의 명령이 사막에서 기도하는 사람들의 독거를 향하는 성향보다 중요했습니다. 둘째, 사람들은 영적 여정에서 도움을 필요로 했습니다. 홀로 영적 여행을 한다는 것은 어려운 일입니다. 마찬가지로, "길"(Way)을 가는 사람들과 집단들은 당연히 서로 위로와 도움과 지원을 구합니다.

침묵과 독거와 관련하여, 한 그룹은 여러 가지의 기능을 발휘할 수 있습니다. 우선, 함께 침묵하면서 기도할 수 있습니다. 비록 각각의 구성원들이 구두로 상호 작용하는 것은 거의, 또는 전혀 경험하지 못하지만, 오랫동안 집단적으로 기도해온 사람들은 하나의 유대감과 지원 의식이 발달한다는 것을 깨닫습니다. 언젠가 40명이 함께 피정을 갔습니다. 우리는 처음 두 주간을 침묵 속에 지냈습니다. 두 주일이 끝날 무렵, 우리가 한 마디도 말을 하지 않았지만, 서로 더욱 가깝게 느끼고 있다는 것을 깨닫고 놀랐습니다. 우리가 침묵 속에 들어감에 따라서 한 분이신 하나님, 우리 모두 속에서, 우리 모두를 통하여, 그리고 우리 모두의 사이에서 흐르시는 성령과 결합되기 때문에 이러한 친밀감이 형성됩니다.

둘째, 하나의 그룹은 침묵의 경험을 나누고 되새길 수 있는 장소가 됩니다. 예를 들면, 어떤 그룹이 침묵 하면서 식사를 하기로 결정하고 나서, 회원들이 그 경험에 대해서 함께 생각하는 시간을 갖기로 결정할 수 있습니다. 사람들이 기도를 통해서 얻은 자신의 통찰들을 표현함에 따라서, 이러한 나눔의 시간은 풍성하고 유익한 것이 될 수 있습니다. 침묵 속에 떠오르는 생각과 느낌을 이야기하는 것은 우리의 기도 생활에서 발생하는 것을 분명히 하는 데 도움이 되기도 합니다.

마지막으로, 하나의 그룹은 영적 여행을 하는 우리를 지원하고 격려해줄 수 있습니다. 우리가 건조한 시기에 직면하거나 길이 없어진 것처럼 보이거나, 하나님이 멀리 계신 것처럼 느껴질 때, 우리의 고통을 나눌 수 있는 신실한 여행자들의 존재가 중요합니다. 종종 어떤 사람의 말은 우리가 기도를 그만두지 못하게 해주기도 할 것입니다.

나눔의 시간은 경청하고 반응하는 시간입니다. 회원들은 자신의 경험을 이야기하는 사람의 잘못을 고쳐주려 하거나 충고하려 하지 말아야 합니다. 또 선택한 기도 방법을 경험해본 사람이 지도자가 되어야 합니다. 이 책 뒷부분에서 그룹 과정에 대해서 보다 상세히 다루려 합니다. 사막의 지혜는 영성생활에 있어서 그룹의 가치를 확인해 줍니다:

> 사부는 이렇게 말했습니다: "만일 세 명의 수도사들이 함께 살고 있는데, 그 중 한 사람은 종일 침묵 속에 기도하고, 또 한 사람은 고통을 당하면서도 그에 대해 감사하며, 나머지 한 사람은 호의를 가지고 그 두 사람의 시중을 들고 있다면, 이 세 사람은 동일한 일을 행하고 있는 것처럼 서로 동등합니다."(Wisdom of the Deserts, 42-43)

이 책의 제1장과 더불어 기도의 여정이 시작되었습니다. 거룩한 경청을 촉진하는 방법인 침묵과 독거가 여정의 핵심이며, 그것은 우리에게 도전하며 기쁨과 흥분을 가져다 줄 수 있습니다. 사막 교부들의 말은 세월을 가로질러 지금도 울려 퍼집니다:

> 사부 롯이 사부 요셉에게 와서 말했습니다: "아버지여, 저는 제 능력에 따라서 저의 작은 규칙을 지키고 금식하고 기도하고 묵상하고 침묵 속에 관상합니다. 저는

제 능력에 따라서 제 마음의 생각들을 깨끗이 하려고 노력합니다. 이제 무엇을 더 해야 합니까?" 사부 요셉은 자리에서 일어나서 하늘을 향해 두 손을 폈는데, 그의 손가락들은 마치 열 개의 등불 같았습니다. 그분은 "완전히 불로 변화되십시오."라고 말했습니다.(*Wisdom of the Deserts*, 50).

제2장

거룩한 독서 Lectio Divina
거룩한 독서를 통한 성경과의 만남

여행의 동반자: 성 베네딕트

거룩한 독서는
당신과 하나님 사이에서 이루어지는
살아있는 대화입니다.

여행에는 안내자가 필요합니다. 많은 사람들은 자동차로 여행을 떠나기 전에, 먼저 목적지에 도착하는 방법을 알기 위해서 인터넷에 접속하여 지도와 자동차 여행에 관한 사항들을 확인합니다. 영적 여정에서도 안내가 필요합니다. 침묵과 독거는 훌륭한 것이지만, 만일 지도가 없다면 그것들은 우리를 자신의 망상과 환상의 악몽에 빠지게 할 수도 있습니다. 즉, 우리는 자신의 타락한 자아와 만날 수 있습니다.

그렇기 때문에, 이 장에서는 하나님에 대해 말해주는 경이롭고 신비한 책인 성경을 다룹니다. 그런데, 우리는 어떻게 성경이 우리의 안내자가 되는 것을 허락합니까? 성경을 읽는 것(reading Bible)과 성경으로 기도하는 것(praying the Bible)은 아주 다른 일입니다. 성경으로 기도하는 것은 하나님이 말씀하시는 것을 듣기 위해서 하나님의 말씀에 경청과 침묵을 적용하는 것입니다. 이 장에서는 *lectio divina*, 거룩한 성경 읽기라는 방법에 대해 탐구하려 합니다.

당신이 단 한 권의 책만 소유하고 있다고 상상해 보십시오. 이것은 현대인이 보기에는 지나치게 비현실적인 시나리오입니다. 그러나 인간의 역사를 살펴보면, 한 가정에 단 한 권의 책을 소유하기도 어려운 때가 있었습니다. 이제 당신이 그 한 권의 책을 어떻게 다루는지를 상상해 보십시오.

처음에는 오늘날 책을 읽는 것처럼 그 책을 속독할 것입니다. 그리고 나서 당신이 소유하고 있는 유일한 책을 읽었다고 생각합니다; 당신은 그 책을 내던지고 다른 책을 손에 잡을 수 없습니다. 아마 당신은 몇 주일 동안 독서를 포기할는지도 모릅니다. 그러나 곧 당신은 그 책에 이끌리며 읽기를 원합니다. 어떻게 해서인지, 그 책에 기록된 단어들은 당신을 자신의 외부에 있는 것, 즉 보다 큰 세상과 연결해 줍니다.

고대 히브리인들은 글에는 신성한 능력이 들어 있다고 믿었습니다. 그들은 단어와 문자는 독자들을 그들 자신의 환경 너머에 있는 어떤 것과 연결해 주는 도구라고 간주했습니다. 히브리인들에게 있어서, 잉크로 쓴 단순한 문장이 갑자기 지식과 정보의 근원이 될 수 있다는 것은 기적으로 여겨졌습니다.

이제, 다시 당신의 책으로 돌아갑시다. 아마 당신은 그 책의 제1장을 읽으면서 자신이 그것을 잘 기억하고 있기 때문에 더 이상 새로운 것이나 흥미로운 것이 없다는 것을 안타깝게 여길 수도 있습니다. 그러나 제2장을 다시 읽으면서, 갑자기 한 문장, 당신이 기억하지 못했던 내용의 문장에 주의를 집중하게 됩니다. 게다가, 이 하찮은 작은 이야기는 당신으로 하여금 자신의 삶에서 발생했던 어떤 일—

몇 년 전에 발생했으나 해결되지 못했던 일, 또는 친구나 부모님과의 사이에 발생한 딜레마—을 기억하게 해줍니다. 당신은 다시 그 시절로 돌아갑니다. 이제 당신은 책을 읽지 않습니다. 당신은 자신의 내면의 음성, 당신의 기억, 당신의 상상력의 소리에 귀를 기울입니다. 당신은 자신의 옛 자아, 그리고 오래 전에 알았던 사람들과의 관계 안에 있습니다. 이 여정은 당신으로 하여금 옛 친구와 접촉하거나 옛 상처를 치유하거나, 어떤 놀라운 기억을 음미하게 해줄 수도 있습니다.

이 가상의 여행이 끝나면, 당신은 새로운 열정과 흥미를 가지고 다시 책을 대합니다. 당신은 이 한 권의 책에 수백 개의 세상으로 들어가는 문들이 들어 있다는 것을 깨닫습니다. 그것은 시간과 공간을 통과하여 여행하기 위한 장치, 당신 자신 속으로 들어가는 입구, 그리고 당신이 살아왔으며 살았을 수도 있는 삶 속으로 들어가는 입구입니다. 처음에는 그것을 "단순한 책"으로 여겼지만, 이제는 경외심을 가지고 그 책을 대합니다.

옛 사람들은 성경을 바른 방법으로 읽으면 하나님과의 직접적인 관계의 문이 열린다는 것을 깨달았습니다. 그들은 거룩한 독서의 기도를 발견했습니다. 오늘날 우리는 독서에 대한 이러한 인식을 상실하고 있습니다. 우리는 기계적인 방법, 소비자 지향적인 방법으로 성경을 읽습니다. 우리는 정보를 얻기 위해서, 원하는 것을 얻기 위해서 책을 읽은 후에 책장에 꽂아 두고는 다시 관심을 갖지 않습니다. 성경도 그러한 방식으로 읽습니다. 우리는 종교적인 정보를 얻기 위해서, "바른 해답"을 얻기 위해서, 하나님에 대한 우리의 생각을 확신하기 위해서, 교리와 제도적인 법에 관한 사소한 싸움에서 사용할 무기를 얻기 위해서, 친구들이나 대적들과의 논쟁에서 지원을 얻기 위해서 성경을 읽습니다. 우리는 성경이 우리를 하나님의 백성으로 만드는 것을 허락하기보다는, 성경을 우리의 견해에 일치시키려 합니다. 성경을 읽는 방법은 이것뿐이 아닙니다.

성 베네딕트와 거룩한 독서

500년이 조금 지난 시기에, 성 베네딕트라고 알려진 이탈리아 사람이 평민들을 모아 하나의 공동체를 형성했는데, 그것은 후일 수도원이라고 불리게 됩니다. 우리가 대부분의 여행 동반자들에 대해서 잘 알지 못하듯이, 베네딕트라는 사람에 대해서도 많이 알지 못합니다. 그는 사막 교부들을 그리스도의 마음을 알기 위해 고안된 삶을 산 사람들이라고 여겨 경외했습니다. 그러나 그는 독거의 기도 생활이 대부분의 사람들에게 적용되지 못할 것을 이해했던 것 같습니다. 각 사람의 신앙생활이 진보하려면 하나의 안정된 영적 공동체가 필요했습니다.

베네딕트는 자기의 공동체를 지도하기 위해서 하나의 규칙, 구성원들의 공동생활과 영적 실천을 위한 지침서를 작성했습니다. 『규칙』(*Rule*)의 목적은 "주님께 봉사하는 학교", 사람들이 와서 예수와 함께 하는 방법을 배우는 장소를 만들어내는 데 있었습니다(*Rule*, 5).

이 학교에서 사용하는 세 가지 주된 도구들 중 하나는 독서이고, 나머지 두 가지는 전례 기도와 노동입니다. 그런데 이 독서는 오늘날 우리가 알고 있는 것과 같은 종류의 독서가 아닙니다. 베네딕트는 *lectio divina*, 거룩한 독서, 관상적 경청을 배양하기 위해 고안된 기도 방법을 지시했습니다. 수도사들은 그러한 경청을 통해서 자신의 마음과 정신 안에 계신 성령의 임재를 느낄 수 있기 때문이었습니다.

베네딕트의 수도사들은 한 권의 책도 소유하지 않았습니다. 그들은 대부분 무식했던 것 같습니다; 그들은 다른 사람이 읽어주는 것을 들음으로써 독서를 했습니다. 그들은 성경 말씀을 듣고 외운 후에, 대략 하루에 6시간 동안 그 말씀을 암송했습니다.

이러한 독서 과정의 기초는 성경이 살아 있는 하나님의 말씀이라는 견해였습니다. 하나님은 성경을 통해서 지금 성경을 읽는 사람에게 실제로 말씀하실 수 있습니다. 하나님의 음성을 듣기 위해 필요한 것은 "마음의 귀를 기울이는" 방법을 가르쳐주는 수행입니다(*Rule*, 1). 이것을 행하기 위해서, 베네딕트는 소가 새김질을 하듯이, 수도사들이 하나님의 말씀을 되새길 것을 원했습니다. 이 수행은 1500년 동안 수도생활의 주된 요소였으며, 우리에게 전해진 선물입니다.

살아있는 대화 속에 들어가십시오

공식적인 기도 방법인 거룩한 독서(*lectio divina*)는 네 단계로 이루어집니다. 이 단계들은 거룩한 독서를 제대로 하기 위해서 정확하게 순서대로 행해야 하는 기계적인 활동들이 아닙니다. 거룩한 독서는 우리와 하나님 사이에서 이루어지는 살아있는 대화입니다. 사람들과의 대화에서처럼, 거룩한 독서에도 리듬과 강약과 흐름이 있습니다. 만일 우리가 가장 친한 친구와 대화를 하고 있는데 끊임없이 대화가 중단되거나 아무 말도 하지 않는다면 그 대화는 가치가 없는 대화가 될 것입니다. 살아있는 풍성한 대화에는 듣는 시간, 응답하는 시간, 말하는 시간, 침묵 시간 등이 포함됩니다. 해변에 밀려오는 파도를 생각해 보십시오. 파도는 엄청나게 큰 소리를 내면서 큰 힘을 가지고 밀려옵니다. 파도는 철썩 소리를 내며 해안으로 밀려왔다가 조용히 밀려갑니다. *lectio divina*의 리듬이 그렇습니다.

이 기도의 네 단계를 구분하는 것이 도움이 됩니다: *lectio*(듣기/읽기), *meditatio*(묵상), *oratio*(기도), *contemplatio*(관상). 이 네 단계의 실천은 혼자서 거룩한 독서를 행하는지, 아니면 그룹으로 행하는지에 따라 달라집니다. 여기서는 먼저 개인을 위한 과정에 대해 묘사하고 나서 그룹 과정에 대해 다루려 합니다.

읽기(*lectio*)

거룩한 독서의 핵심은 우리가 읽고 있는 구절의 문자적이고 표면적인 의미에 지나치게 초점을 두지 않는 것입니다. 그 의미가 결국 중요한 것이 될 수도 있지만, 하나님께서 그것의 문자적인 내용과는 전혀 관계가 없는 것에 대해서 말씀하시기 위해서 그 구절을 사용하실 수도 있습니다.

먼저 하나의 본문을 선택하여 묵독합니다. 어디에서부터 시작해야 할지 알지 못한다면, 좋아하는 시편이나 복음서의 이야기, 또는 이사야서의 본문(사 40:1-8; 43:1-7; 44:1-5; 49:1-6)을 읽는 것도 좋습니다. 선택한 본문을 여러 번 읽으십시오. 읽는 동안에 단어들이 당신의 존재의 깊은 곳으로 내려가는 것을 허락하십시오. 당신의 몸과 정신이 깊은 동굴이 되게 하십시오. 하나님의 말씀은 그 동굴 속에서 동굴 벽에 부딪혀 메아리치다가 서서히 당신의 정신의 그림자 속으로 사라집니다. 베네딕트 수도원의 최초의 수도사들이 촛불을 들고 모여서 시편 낭독자가 반복하여 낭독하는 말씀을 듣다가 마침내 진리와 지혜를 말하는 오랜 친구들처럼 되는 모습을 상상해 보십시오.

그렇게 되면, 이 과정은 듣는 과정으로 이어집니다. 무엇을 듣습니까? 이 단계에서는 본문 중에서 당신에게 다가오는 한 절이나 단어, 특히 당신의 관심을 끄는 단어나 문장을 듣습니다. 이것을 인터넷으로 비유해 보겠습니다. 당신은 즐겨 찾는 웹사이트에서 어떤 기사를 읽다가 푸른색으로 강조된 문장을 대하게 됩니다. 만일 그 구절을 클릭하면, 다른 사이트로 옮겨갈 것입니다. 당신은 잠시 그 사이트로 옮겨갈 것인지 생각합니다. 그 구절이 당신의 관심을 끌었습니까? 이 특별한 주제에 대해서 더 많은 것을 발견하고 싶습니까? 이런 유형의 깊은 숙고가 읽기(lectio)의 본질입니다. 단어나 문장을 곰곰이 생각하면서 본문을 읽습니다. 관심을 끄는 단어, 하나님의 신비 속으로 더욱 깊이 들어가라고 초대하는 단어를 경청하십시오. 그 본문을 통해서 당신을 부르십니다; 당신의 내면에 묻혀 있는 하나님의 형상에게 하나님이 말씀하실 때에 깊음은 깊음을 부릅니다. 당신이 선택한 본문 중에서 어떤 단어가 당신에게 소리칩니까?

그 부름을 들으면서, 그 단어나 구절에 주의를 집중하십시오. 그것을 되풀이 하여 읽으십시오. 그 단어와 함께 앉고, 그 단어를 듣고, 그 단어가 당신의 내면에서 울려 퍼지는 것을 허락하십시오. 그 단어를 통해서 다음 단계로 들어가십시오.

묵상(meditatio)

이 단계에서는 당신의 관심을 끌어 하나님과의 보다 깊은 관계 속으로 인도하고 있는 단어를 묵상하기 시작합니다. 이것을 인터넷으로 비유해 보겠습니다. 당신은 새로운 웹사이트에 접속합니다. 당신은 원래의 문장의 경계를 떠나서, 영적 사이버 공간을 자유로이 헤엄치고 있습니다. 하나님은 당신을 어느 곳으로든지 데려가실 수 있습니다.

그러므로, 당신의 마음과 정신이 당신이 택한 단어를 따르는 것을 허락하십시오. 어떤 영상이 떠오릅니까? 어떤 생각, 어떤 느낌이 떠오릅니까? 아마, 특별한 기억, 당신의 삶의 해결되지 않은 상황, 또는 치유되어야 할 것, 그리스도의 손길을 필요로 하는 것이 떠오를 것입니다. 아니면, 가상의 장면을 볼 수도 있습니다: 당신이 들판이나 좋아하는 교회에 있는 모습을 상상할 수도 있습니다. 하나님께서는 당신에게 말씀하실 것이 있습니다.

베네딕트의 시대에 위대한 스승들은 제자가 어떤 문제를 가지고 찾아오면 장황하게 충고하지 않고 "한 단어"로 간단하게 대답을 주어야 한다고 생각했습니다. 하나님에게는 그 제자에게 하실 특별한 말씀이 있었고, 스승은 분명하게 그 말씀을 들어 치유되어야 할 사람에게 필요한 단어를 알아서 전해 주어야 했습니다. 이 과정이 거룩한 영적 독서(lectio divina)의 중심입니다; 예수께서는 당신의 기도를 듣고, 당신이 말씀을 통해서 들어야 할 것을 정확하게 당신에게 말씀하려 하십니다. 이 단계에서, 당신은 하나님의 음성을 찾는 동안에 당신의 정신이 충실하게 따를 수 있는 자유를 허락합니다.

이러한 영상이나 생각이나 느낌이 떠오르면, 그것들을 음미하십시오. 선택한 단어를 반복하고, 들으십시오. 이 과정에서 당신은 자신이 하나님께 이야기를 하려고 기다리고 있는 것을 발견할 수도 있는데, 그것은 다음 단계로 나아갈 수 있다고 알려주는 갈망입니다.

기도(Oratio)

대화는 듣는 것과 말하는 것으로 이루어집니다. 춤을 추는 두 사람은 음악에 맞춰 움직이며 서로에게 응답합니다. 기도의 과정도 그러합니다. 정적 속에서 하나님의 음성을 들은 후에, 우리는 응답의 단계로 나아갑니다. 그러나, 그 일을 지나치게 빨리, 또는 충동적으로 해서는 안 됩니다. 내면 깊은 곳에서 말씀이 떠오르기를 기다리십시오.

기다리는 동안에, 당신이 가장 하나님께 말씀드리고 싶은 것이 무엇인지를 의식하십시오. 아마 당신은 오랫동안 잊고 있었던 기억 속을 방황했기 때문에, 이제 하나님께서 그것을 보여주신 이유를 질문해야 할 수도 있습니다. 아니면, 당신이 다른 사람에게 가한 고통을 보라는 요청을 받았기 때문에, 용서를 구하는 방법을 알고 싶어 할 수도 있습니다. 아마 하나님이 당신에게 큰 기쁨의 시간을 보여 주셨으므로, 당신은 단지 감사를 표현하기를 원할 수도 있습니다. 당신이 말하고 싶은 것이 무엇이든지 간에, 분명한 음성으로 몇 개의 단어를 사용하십시오. 침묵 속에 하나님께 기도하십시오.

읽기(*lectio*)에서 기도(*oratio*)로 이동하는 것은 대화, 즉 *lectio divina*의 흐름입니다. 당신이 최초에 택한 본문은 하님의 말씀입니다; 당신은 자신을 자극하는 단어를 선택합니다; 하나님께서 당신을 새로운 장소로 인도하십니다; 당신은 그 장소에서 당신의 내면에서 자극하는 새로운 갈망에 대해 하나님과 대화합니다. 이 과정은 당신의 내면에 성령의 현존 의식을 배양해 줍니다. 기도의 침묵 속에서 성령께 말할 공간이 주어지며, 당신은 그 말씀을 들으면서 하나님께서 당신의 마음에 두시는 것을 향해 인도되어 갑니다. 하나님의 말씀은 바로 지금 당신의 내면에서 살아 움직이는 실체가 됩니다.

당신은 하나님께 말씀드리고 나서는 다시 듣는 자세로 돌아옵니다. 당신은 자신의 단어나 영상으로 돌아가며, 하나님으로 하여금 새로이 대답하시게 합니다. 베네딕트의 주장에 의하면, 이 과정은 단순히 순환하는 것이 아닙니다. 베네딕트와 옛 수도사들은 *lectio divina*가 야곱의 사다리와 비슷하다고 여겼습니다(창 28:12). 그것은 그들이 천국으로 올라가는 데 사용하는 영적 사다리였습니다. 그러므로 당신 자신이 올라가는 것을 허락하십시오. 당신이 쉴 준비가 되었다면, 이 과정의 마지막 단계에 이른 것입니다.

관상(안식, *contemplatio*)

모든 대화는 결국 끝이 납니다. 어느 시점에서 대화를 종결하거나 쉬어야 합니다. 당신에게 배정된 기도 시간이 끝날 수도 있고, 기도의 여정이 끝났다는 것을 당신이 주목하게 될 수도 있습니다. 당신은 충분한 정보를 소유했습니다; 당신은 정적 속에 쉬면서 세상에 대한 당신의 새로운 견해를 조사해 볼 필요가 있습니다; 아니면 하나님께서는 당신이 더 이상 흡수할 수 없다는 것을 아십니다. 당신은 완성의 느낌, 더 이상 빠져 나가고 싶지 않은 깊은 침묵을 경험합니다: 당신에게는 더 이상 할 말이 남아 있지 않고, 하나님 역시 침묵하십니다. 이것이 관상적 안식(contemplative rest)의 순간입니다.

이 안식하는 순간은 기도 경험 전체를 돌아볼 수 있는 시간을 제공합니다. 그것은 천국으로 가는 계단의 층계참입니다. 세상에 대한 당신의 새로운 견해, 당신 자신과 하나님에 대한 새로운 견해를 바라보십시오. 이 새로운 견해 안에는 대답들, 새로운 지시, 또는 응답해야 할 구체적인 것이 포함되어 있을 수도 있습니다; 또는 당신에게 새로운 질문들이 남아 있을 수도 있습니다. 어떤 방법으로든지 하나님은 당신에게 말씀하셨으며, 그것은 감사해야 할 일입니다.

성 베네딕트는 수도사들에게 *lectio divina*의 마지막 단계에서 살아 있는 말씀을 만나는 것에 대해 하나님께 감사하라고 말했습니다. 이러한 감사는 단순히 "감사합니다"라는 말로 표현할 수도 있을 것입니다. 만일 하나님께서 당신을 특별한 행동으로 부르셨다면, 당신의 삶에서 이와 같은 새로운 방향에 헌신하면서 하나님의 축복을 구하십시오.

기도를 다른 방법으로 끝낼 수도 있습니다. 당신은 기도 중에 아무것도 듣지 못했을 수도 있습니다. 기도하는 동안 생각한 것은 온통 쇼핑할 물건들이나 직장, 또는 하나님과 관계가 없는 것처럼 보이는 것이기 때문에, 당신은 좌절하거나 분노할 수도 있습니다.

"일을 완수하는 것"에 궁극적인 가치를 두는 사회에서 성장한 사람들에게 있어서 "아무것도 일어나지 않는" 경험은 매우 불쾌한 경험입니다. 그러나, 베네딕트의 관점에서 보면, 그러한 "실패"는 타락한 인간의 상태의 정상적인 부분입니다. 만일 하나님의 말씀과의 만남이 쉽다면, 기도를 실천해야 할 필요가 없을 것입니다! 기도는 하나의 생산품이 아니라, 관계입니다. 비록 당신이 상상했던 것처럼 놀라운 사건을 경험하지 못해도, 하나님은 당신의 의도를 아십니다. 당신은 예수님과 함께 시간을 보내기를 원했고, 비록 정확하게 당신이 기대했던 방식의 신비는 아니지만 어떤 방식으로든지 당신은 그것을 경험했습니다. 따라서 하나님께 당신의 좌절을 표현하십시오; 도움을 구하십시오, 다시 시도할 수 있는 힘을 구하십시오. 하나님은 우리가 성공하기를 요구하시는 것이 아니라 충실하기를 원하십니다.

그룹 영적 독서

영적 독서는 그룹에서 행할 수 있는 훌륭한 기도 방식입니다. 그룹의 규모, 기도할 수 있는 시간, 그리고 경험 수준에 따라서 기도의 기본 포맷을 다양하게 조정할 수 있습니다. 세상에 있는 많은 교회 공동체들은 그 공동체의 정규 생활에 영적 독서의 여러 가지 독창적인 방법을 결합하고 있습니다.

개인적인 영적 독서와 그룹 영적 독서의 주된 차이점은 다음과 같습니다: 그룹 영적 독서에 참석한 사람들은 하나님께서 각 사람에게 말씀하시는 방식을 그룹 전체가 들을 수 있도록 자신이 "경험한 것"을 큰 소리로 말해야 합니다. 그룹으로 영적 독서를 할 때에도 개인들의 경우에서처럼 네 단계를 사용할 수 있고, 아니면 구성원들의 성향이나 기도 시간에 따라서 그 중에서 하나, 둘, 또는 세 단계를 사용할 수도 있습니다. 이 책에서는 두 단계의 과정, 그리고 세 단계의 과정에 대해 간단히 설명하려 합니다. 나는 교회에서 행하는 소그룹 아침 기도회에서는 두 단계의 과정을 사용하고, 시간적으로 여유가 있는 피정 때에는 세 단계의 과정을 사용합니다. 두 단계의 과정에서는 읽기(lectio)와 기도(oratio)를 사용하고, 세 단계의 과정에는 그 두 단계 사이에 묵상(meditatio)이 추가됩니다.

처음에는 선택한 성경 본문을 크게 두 번 읽습니다(이렇게 두 번 함께 읽는 것은 "첫 번째 읽기"로 간주됩니다). 두 번 읽는 동안에 참석자들은 자신의 관심을 끄는 단어나 구절에 주목합니다. 1-2분 정도 침묵한 후에, 참석자들은 자신이 주목한 단어나 구절을 아무런 논평 없이 발표합니다.

그 다음에 잠시 침묵한 후에, 세 번째로 본문을 읽고("두 번째 읽기"), 또 다시 침묵합니다. 두 단계의 과정에서 참석자들은 기도(*oratio*) 단계로 이동하게 하고, 침묵하면서 그 본문을 통해서 하나님이 그들에게 말씀하시는 것을 듣습니다. 하나님의 음성은 질문, 관찰, 영상, 생각, 또는 느낌의 형태로 나타날 수도 있습니다. 오랫동안 교회에 다닌 사람들은 이 단계에서 그 자리에서 그들에게 말씀하시는 하나님의 독특한 음성을 듣고, "이 구절의 정확한 의미는 무엇인가?"라는 질문을 하지 않는 것을 어렵게 여깁니다. 1-2분 동안 침묵한 후에, 회원들에게 자신이 들은 결과를 이야기하게 하십시오.

삼 단계의 과정에서는 본문을 두 번째로 읽은 후에 묵상(*meditatio*)을 행합니다. 이 묵상 시간에, 참석자들은 침묵 속에서 자신에게 주어지는 이미지들에 주목해야 합니다. 침묵한 후에, 참석자들은 자신이 주목한 이미지들을 발표하는데, 그것은 추상적인 것일 수도 있고 구체적인 것일 수도 있으며, 시각적인 것일 수도 있고 언어적인 것일 수도 있습니다. 예를 들어, 언젠가 나는 지방 교회 목회자들의 기도회에서 사무엘의 소명에 대한 이야기(삼상 3장)를 사용하여 영적 독서(*lectio divina*)를 인도하고 있었습니다. 두 번째 단계(*meditatio*)를 진행하면서 회원들이 나눈 이미지는 " 끝에 문이 하나밖에 없는 기다란 복도", "나의 목사 안수식을 기억합니다", "어둠 속에서 교회 밖에 서있는 것" 등이었습니다.

삼 단계의 과정에서는 본문을 세 번 읽습니다. 그 다음에 참석자들은 침묵하면서 그 구절을 통해서 하나님이 그들에게 어떻게 말씀하시는지 들을 수도 있습니다(*oratio*). 이 "말씀"은 여러 가지 형태로 올 수 있습니다. 참석자들은 각기 하나의 관찰을 의식할 수도 있고, 어떤 윤리적 명령이나 행동하라는 소명을 감지할 수도 있고, 하나님의 임재의 확신을 느낄 수도 있습니다. 또 방대한 침묵을 경험할 수도 있는데, 그 침묵도 역시 하나님의 음성입니다.

어떤 형태의 영적 독서(*lectio divina*)를 사용하든지 간에, 참석자들에게 핵심이 되는 것을 듣게 해야 합니다. 지도자는 *lectio*란 본문을 지적으로 이해하는 것이 아니라 성령께서 성경을 통해서 말씀하신다는 의식을 계발하는 것임을 사람들이 이해하도록 도와주는 역할을 해야 합니다.

베네딕트의 규칙을 따르는 수도사들은 성경을 읽는 이러한 방식을 수세기 동안 실천해왔으며, 지금도 그렇게 하고 있습니다. 그들은 수실에 홀로 앉아서, 또는 함께 앉아 식사를 하면서 반복하여 성경을 듣고 또 말씀에 의해 자신이 형성되는 것을 허락합니다. 이처럼 들음을 통한 영성형성이 거룩한 영적 독서(*lectio divina*)의 핵심입니다.

제3장

예수기도 *The Jesus Prayer*
예수님의 이름 안에는 능력이 있다

여정의 동반자: 순례자

*순례자가 예수기도를 자기의 삶의 중심에 두고,
그 기도가 자신을 인도하고 변화시키는 것을
허락한 것을 보면서, 우리는 하나의 기도 습관이
하나님과 함께 하는 삶을 만들어내는
놀라운 본보기를 본다.*

"하나님의 아들, 예수 그리스도시여, 나를 불쌍히 여기소서."

침묵, 독거, 성경으로 기도하기로 이 책을 마칠 수도 있을 것입니다. 이 세 가지는 관상기도의 핵심에 위치합니다. 그것들은 하나님과 함께 하는 삶을 영위하는 데 필요한 것들입니다. 그러나, 하나님께서 동물이나 식물을 한 종류만 만들지 않으신 것처럼, 우리에게 한 가지 유형의 기도 방식만 선물로 주신 것은 아닙니다.

우리는 주위 세상에 대해 각기 다른 방식의 이해와 견해를 가지고 있습니다. 어떤 사람은 영상을 보고, 어떤 사람은 말을 듣고, 어떤 사람은 침묵으로 말하며, 어떤 사람은 보이지 않는 성령의 리듬에 맞춰 몸을 움직이고 싶어 합니다. 이러한 차이점들은 그리스도의 몸과 마음이 기적의 태피스트리에 대한 완전하고 영광스러운 그림을 우리에게 제공해 주므로, 찬양되어야 합니다. 이러한 차이점들 때문에, 하나님은 다양한 기도 방법을 우리에게 선물로 주셨습니다. 우리의 존재의 다양한 특성에도 불구하고 각각의 기도 방식은 우리가 한 분 하나님에게 말씀드리는 것을 허락합니다.

"하나님의 아들, 예수 그리스도시여, 나를 불쌍히 여기소서."

침묵과 독거, 그리고 거룩한 독서는 모든 기도 방식의

기초를 이룹니다. 그러나 그 기초에서 여러 가지 다른 기도 방식들이 생겨납니다. 앞으로 3-7장에서는 기도하는 사람의 마음과 정신에 초점을 두는 기도 방식에 대해 탐구하려 합니다. 마음과 정신에 초점을 둔다고 해서 몸이 개입되지 않는다는 의미가 아니며, 또 이러한 방식들에서는 외적인 관계들이 중요하지 않다는 의미도 아닙니다. 이 방식들의 주된 강조점은 정신과 마음에 있습니다.

"하나님의 아들, 예수 그리스도시여, 나를 불쌍히 여기소서."

마음과 정신이란 무엇을 의미합니까? 이 질문에 대한 대답을 하려면 별도로 한 권의 책을 저술해야 할 수도 있습니다. 그러나 간단히 말하자면, 생각과 감정의 과정들 안에 포함되어 있는 모든 것을 의미합니다. 여기에는 우리의 사상들, 생각들, 기억들, 느낌들, 그밖에 다른 감각적인 정보들—내면의 정신적 공간의 내용 전체—이 포함됩니다. 이러한 기도 방식들에서는 이러한 내용이 기도의 초점이 됩니다. 정신적인 사건들의 무수한 단편들이 걸러지고 분류되고 다듬어져서, 마침내 하나님의 말씀이 자라나는 비옥한 좋은 흙더미 안에 자리 잡습니다. 이 세 가지 기도 방식들 중 첫째는 예수기도이며, 이 장에서는 그것에 대해 다루려 합니다. 그것은 "다윗(또는 하나님)의 아들, 예수 그리스도시여, (죄인인) 나를 불쌍히 여기소서"라는 표현을 끊임없이 반복하는 것입니다.

예수기도를 이해하려면, 먼저 그 문장을 포함하고 있는 성경 본문을 다루어야 합니다. 장님 바디메오는 길가에 앉았다가 "다윗의 자손 예수여 나를 불쌍히 여기소서"라고 소리쳤습니다(막 10:47). 그는 예수께서 자기의 외침을 듣고 응답해 주실 것을 바라면서 자신의 존재의 어두움에서부터 소리쳤습니다.

"하나님의 아들, 예수 그리스도시여, 나를 불쌍히 여기소서."

앞에서 언급했던 것처럼, 성경 시대의 사람들은 우리 모두가 소유하고 있지만 상실한 단어들의 힘에 대한 이해를 가지고 있었습니다. *lectio divina* 안에 있는 단어의 힘은 하나님께서 그 단어로 기도하는 사람에게 직접 말씀하실 수도 있다는 가능성입니다. 예수기도 안에 있는 단어의 힘은 기도하는 사람의 내면에 새로운 인간을 창조할 수 있는 능력입니다.

당신이 세상이 시작되던 시기의 인간이라고 상상해 보십시오. 기록된 말도 없고 책도 없고 복사기도 없고, 팩스도 없고 이메일도 없습니다. 당신은 자기 부족들과 함께 땅에서 근근이 살아갑니다. 그런데 어느 날 누군가가 당신에게 놀라운 것을 보여줍니다. 그것은 작고 검은 표식들을 지닌 마른 갈대 조각입니다. 그 표식들이 단어들이라는 것을 그 사람이 말해주기 전에는 그것은 당신에게 중요한 것 같지 않았습니다. 그 사람은 그 단어들이 무엇인지를 설명해 줍니다. 그는 당신에게 그것을 읽어주며, 느닷없이 완전한 의미의 세계를 만들 수 있습니다.

당신은 '아니다. 이것은 가능하지 않다. 어떻게 그러한 표식들 안에 그렇게 많은 의미가 담길 수 있다는 말인가?'라고 생각합니다. 하나의 갈대 조각에 적힌 표식들로부터 의미를 끌어내는 것은 마술처럼 보일 수도 있습니다. 실제로, 우리의 영적 조상들은 이 "마술"을 창조의 행위와 결합했습니다. 말씀에는 의미가 담겨 있었고, 의미는 추상적인 상징이나 개념에 생명을 부여해 주었습니다. 따라서, 하나님이 말씀하시매 세상이 존재했습니다. 이러한 말씀과 피조물의 관계를 고려해보면, 이름을 짓는 것은 강력한 행동처럼 보였습니다. 만일 어떤 사람이 무엇인가에게 이름을 부여할 수 있다면, 그는 그것의 본질—그 존재를 창조한 생각—을 이해한 것입니다. 히브리인들이 하나님의 이름을 말하지 않는 관습의 근저에는 이름을 짓는 일의 힘에 대한 경외심이 놓여 있습니다. 인간은 하나님의 본질을 이해할 수 없습니다.

"하나님의 아들, 예수 그리스도시여, 나를 불쌍히 여기소서."

이러한 배경에서, 우리는 눈먼 사람의 외침의 힘을 인정할 수 있습니다. 눈먼 사람은 자신의 어두움의 내면에서부터 예수의 이름을 부름으로써 자기의 삶을 변화시키시는 하나님의 능력을 인정합니다; 그는 자신의 외침이 메아리쳐 돌아올 때에 그것이 자신을 변화시킬 것을 알고 있습니다. 실제로 그 일이 발생했습니다. 예수님은 눈먼 사람을 부르시고, 그의 믿음이 그를 온전하게 만들었다고 말씀하셨고, 그 즉시 그 사람은 볼 수 있게 되었습니다. 하나님의 이름에는 엄청난 힘이 들어 있다는 견해 및 성경에 기록된 이 이야기가 예수기도의 기원입니다.

"하나님의 아들, 예수 그리스도시여, 나를 불쌍히 여기소서."

예수기도가 정확하게 언제 시작되었는지는 알려져 있지 않습니다. 아마 특정의 시간과 장소에서 시작되지는 않았을 것입니다. 그러나, 동방교회의 수도원에는 예수기도가 널리 보급되어 있습니다. 19세기말에 익명의 러시아 사람이 쓴 책의 출판을 통해서 예수기도는 더욱 널리 알려졌습니다. 『순례자의 길』(*The Way of a Pilgrim*)이라는 제목의 이 책은 예수기도를 수도원의 울타리에서부터 세상으로 끌어냈습니다.

순례자

순례자의 여정은 성경과의 만남에서부터 시작됩니다:

"나는 교회에 갔습니다…여러 가지 말씀 중에서 '쉬지 말고 기도하라'는 말씀을 들었습니다. 그 말씀은 특히 내 마음에 강하게 다가왔습니다"(『순례자의 길』3). 그 구절은 이 단순한 사람의 의식 속에서 작용하여 곧 그의 삶의 윤곽을 정해 주었습니다.

그는 쉬지 않고 기도하는 것이 과연 가능한지를 이해하려고 노력하기 시작했습니다. 그는 교회에 갔지만, 목회자들은 그 기도에 대해서 아무 말도 하지 않았습니다. 여러 사람에게 질문했지만, 누구도 그를 도울 수 없었습니다. 마침내, 그는 스타르치(startsi)를 만났습니다. startsi 라는 러시아어는 "노련한 장로들", 또는 영적 지도자들—사람들이 하나님과의 관계를 발달시키는 일을 지도해주는 사람들—을 의미합니다. 이 사람은 우리의 구도자에게 다음과 같은 가르침을 주었습니다:

> 끊임없이 마음으로 드리는 예수기도란 아무런 방해도 받지 않고 계속해서 입술로, 영으로, 마음으로 거룩한 예수의 이름을 부르는 것입니다. 그렇게 하면서 마음으로는 예수님의 끊임없는 임재와 은혜를 구합니다. 무슨 일을 하거나 어디서나 항상, 심지어 잠 잘 때에도 그렇게 해야 합니다. 그 기도는 다음과 같이 합니다: "주 예수 그리스도시여 나를 불쌍히 여기소서."(『순례자의

길』 9)

"하나님의 아들, 예수 그리스도시여, 나를 불쌍히 여기소서."

예수기도를 하는 사람들은 장님 바디메오처럼 모든 곤란을 무릅쓰고, 조용하라고 말하는 사람들을 무시하면서 부단히 하나님께 소리쳐야 합니다. 순례자는 지도자에게서 이러한 가르침을 받았습니다. 그리하여, 그는 쉬지 않고 기도하는 것의 결과를 찾기로 결심하고서 예수기도와 러시아 교부들의 신비신학을 다룬 한 권의 책으로 무장하고 길을 떠났습니다.

그는 아주 놀라운 것을 발견했습니다. 처음에는 예수기도를 하기가 어려웠습니다. 그는 단어에 집중할 수 없었고, 곧 자신의 생각과 편견에 빠지곤 했습니다. 그러나 시간이 흐르면서 그 기도는 점차 그의 생각의 일부가 되어갔으며, 마침내 그는 계속 그 기도를 하게 되었습니다. 곧 그는 하나님의 변화시키는 힘을 경험하기 시작했습니다.

> 약 삼 주가 흐른 후에 나는 마음속으로 고통을 느꼈고, 그 다음에는 매우 기분 좋은 따뜻함과 위로와 평안을 느꼈습니다. 그로 인해 나는 그 기도에 더 큰 관심을 기울여 나의 모든 생각이 그 기도에 몰입되며 큰 기쁨을 느끼게 되었습니다.(『순례자의 길』 38)

"하나님의 아들 예수 그리스도시여, 나를 불쌍히 여기소서."

　기독교 전통 안에 있는 많은 요소들은 한 단어나 구절을 되풀이하여 말하는 방법을 장려합니다. 그것의 가장 좋은 예는 주기도문입니다. 기독교인들은 예배 때마다 주기도문으로 기도합니다. 또 다른 예는 기독교 공동체에서 "아멘"이라는 단어나 시편을 반복하여 사용하는 것입니다. 내용을 의식하지 않은 채 기계적으로 반복하는 것과 반대되는 태도로 이러한 형태의 기도를 실천하면, 관상적인 집중—하나의 요점에 정신을 집중하는 것—기술이 발달합니다.

　당신이 알고 있는 세상, 하나님으로부터 분리된 죄악된 세상이 마치 사방으로 무한히 확대되는 커다란 백지와 같다고 생각해 보십시오. 이 종이가 우리 앞에 놓여있고, 우리는 그 종이에 자신의 삶의 그림을 그립니다. 그리는 과정은 우리를 매혹시켜 우리는 자신을 망각하고 심지어 하나님을 찾는 일도 망각합니다. 반복적 기도 방식은 마치 태양을 향해 들어 올린 확대경과 같은 작용을 합니다. 그것이 영적 에너지의 광선을 종이의 한 점에 집중시키면, 그것은 서서히 그곳을 태워 구멍이 생깁니다. 집중하다 보면 우리는 이 구멍을 통과하여 다른 쪽으로 튀어나옵니다. 즉 하나님의 나라로 들어갑니다.

　순례자는 기도의 경험을 하는 중에 다른 공간—하나님이

다스리는 곳—에 사는 사람으로 변화됩니다. 이러한 변화가 발생한 후로는, 그는 자신에게 어떤 일이 일어나든지 상관하지 않았고, 주위 사람들을 당황하게 하고 놀라게 만드는 방식으로 삶에 반응했습니다. 그는 강도를 만나 매를 맞았을 때에 기쁨으로 반응했습니다. 누군가가 거처할 곳이나 동행을 제공해도, 그는 눈을 맞으며 걸어가면서 기도하겠다고 말했습니다. 그는 스스로를 평범한 사람이라고 말했지만, 사람들은 자기들이 유식한 성인과 이야기를 하고 있다고 생각했습니다. 기도가 그의 마음과 접촉할 때에 그의 존재 전체가 변화되었고, 심지어 그의 겉모습도 변화되었습니다. 이 변화가 바울이 묘사하는 "성령의 열매"입니다 (갈 5:22-23). 사람들이 놀라면, 순례자는 단순하게 응답했습니다:

> 단지 침묵하면서 마음 깊은 곳으로 내려가서 예수님의 이름을 더 많이 부르기만 하면 됩니다. 그렇게 하는 사람은 즉시 내면의 빛을 느끼며, 모든 것을 이해할 수 있으며, 심지어 이 빛 속에서 하나님 나라의 신비를 볼 수도 있습니다.(『순례자의 길』 78)

순례자는 자신의 관심을 끈 성경구절대로 행하여 결국 예수기도를 배우게 되었습니다. 이 기도는 침묵과 성경을 결합한 것입니다. 순례자가 예수기도를 삶의 중심에 두고서 그 기도가 자신을 인도하고 변화시키는 것을 허락한 것에서, 우리는 하나의 기도 방식이 시간의 흐름에 따라 하나님과 함께 하는 삶을 만들어내는 훌륭한 본보기를 봅니다.

"하나님의 아들, 예수 그리스도시여, 나를 불쌍히 여기소서."

그러면, 예수기도는 어떻게 해야 합니까? 우리의 순례자 친구는 그것이 쉽다고 말합니다. (그러나 그것이 정말 쉽다면, 이런 종류의 기도를 실천하는 기독교인들이 더 많아야 할 것입니다.) 실제로, 예수기도는 실천해볼 만한 일입니다.

예수기도의 실천

예수기도는 아주 단순합니다: "하나님의 아들 예수 그리스도시여, 나를 불쌍히 여기소서"를 침묵 속에서 거듭 반복합니다. (순례자의 묘사에서 볼 수 있듯이, 이 구절을 약간 변형하여 사용하기도 합니다. 당신에게 편하다고 여겨지는 변형문을 사용하십시오. 예수의 이름이 들어가기만 한다면, 정확한 어법을 사용하지 않아도 됩니다.)

"하나님의 아들 예수 그리스도시여, 나를 불쌍히 여기소서."

이제 도전이 임합니다. 당신은 정신을 산만하게 하는 분심거리들을 어떻게 합니까? 정신이 방황할 때에는 무엇을 합니까? 15분 전에 기도를 멈추고 계속 친구들이나 상사와의 갈등에 대해 생각하고 있다는 것을 깨달았을 때에는 어떻게 합니까? 그저 다시 예수기도를 반복합니다. 순례자도 이와 동일한 문제들을 이야기합니다. 처음에는 분심을 무시하기가 어렵지만, 반복하다 보면 쉬워집니다.

"하나님의 아들 예수 그리스도시여, 나를 불쌍히 여기소서."

이렇게 집중하는 것이 도전적인 이유는 무엇일까요?

> 우리가 자신에게서 멀리 떨어져서 살면서도 자신에게 조금이라도 가까이 가려는 소원을 그다지 갖지 않는다는 점이 문제입니다. 실제로 우리는 항상 자신의 참 자아를 대면하는 일을 피하여 도망치고 있으며, 진리를 사소한 것들과 교환합니다.(『순례자의 길』 79)

여기에서 지혜로운 순례자는 관상생활의 중요한 문제를 언급합니다. 우리가 예수기도와 같은 기도를 통해서 자신의 마음과 정신의 영역으로 들어갈 때에, 먼저 만나는 것은 우리 자신입니다. 우리는 자신의 두려움, 자신의 미움, 자신의 사소한 염려, 자신의 이기적인 편견, 자신의 상처 등을 봅니다. 종종 그것은 아름답지 못한 광경입니다.

"하나님의 아들 예수 그리스도시여, 나를 불쌍히 여기소서."

그래서, 우리는 도망칩니다. 예수 기도가 올바른 기도가 아니라고, 지금은 기도할 때가 아니라고, 그 기도가 참으로 기독교적인 것이 아니라고 확신합니다. 즉, 우리가 자신의 실존의 고통으로부터 피하는 데 도움을 줄 것을 추구합니다. 이 때 중요한 것은 계속 기도하는 것입니다. 기도로 돌아가십시오. 당신의 일정 안에서 주어지는 시간, 예를 들면 자동차를 타고 가는 시간과 같은 독거의 시간을 사용하십시오. 당신이 홀로 있을 때나 다른 사람들과 함께 침묵할 때에 예수기도를 할 수 있습니다. 산책을 할 때, 자동차를 타고 갈 때, 아니면 집에 있을 때 예수기도를 할 수 있습니다. 처음에는 짧게, 다시 말해서 10-15분 정도 기도하다가, 익숙해지면 점점 더 오랫동안 기도할 수 있습니다. 얼마 후면, 당신은 마치 머릿속에 맴도는 노래를 반복하여 기억하듯이 자발적으로 기도하는 자신을 발견할 수도 있습니다.

나의 경우, 예수기도를 하기에 가장 좋은 시간은 잠이 오지 않는 밤입니다. 나는 잠이 오지 않으면 뒤척이거나 안달하지 않고 예수기도를 시작합니다. 순례자는 잠잘 때에도 예수기도를 하라는 말을 들었습니다. 종종 나는 곧 잠이 듭니다. 잠이 오지 않는 시간은 훌륭한 기도의 시간입니다. 밤의 깊은 침묵 속에서, 나는 내 마음과 정신을 나의 창조주—무한 속으로 울려 퍼지는 부드러운 음성—께 들어 올립니다.

"하나님의 아들 예수 그리스도시여, 나를 불쌍히 여기소서."

그룹으로 하는 예수기도

예수기도를 그룹에서 이용하면 어떨까요? 예수기도에는 말로 표현되는 부분들이 없지만, 그룹에서도 예수기도를 실천할 수 있습니다. 또 침묵할 때와 마찬가지로, 기도한 후에 그룹 토의를 하는 것도 유익할 수 있습니다.

최근에 나는 교회의 예배에서 이 기도를 사용했습니다. 나는 먼저 교인들에게 각기 혼자 다른 곳으로 가서 15분 동안 기도하라고 말했습니다. 교인들은 자유로이 홀로 앉아서 기도하거나 걸으면서 기도했습니다. (모든 사람들이 같은 방에 머물러 있으면서 함께 조용히 기도할 수도 있습니다.) 그렇게 각기 기도한 뒤에, 5-6명씩 그룹으로 모여 자신이 경험한 것을 서로 나누었습니다.

이 나눔의 형식은 단순했습니다: 각 사람은 몇 분 동안 자신의 기도 경험이나 기도하는 동안에 하나님께 주목한 것에 대해 묘사합니다. 다른 사람들은 그것을 해석하거나 충고하거나 논평하지 않고 듣습니다. 이 소그룹 모임은 매우 유익했습니다. 사람들이 자기에게 일어난 것을 발표하는 것도 중요하지만, 다른 사람에게 일어난 일을 듣는 것도 가치가 있습니다.

　순례자가 행한 가장 놀라운 업적들 중 하나는 그가 행한 것 자체가 아니라 혼자 힘으로 행했다는 사실이었었습니다. 대부분의 사람들에게 있어서 관상기도는 매우 도전적인 일이기 때문에 난관을 헤쳐 나가는 것을 도와주며 인내하라고 격려해줄 공동체의 지원이 필요합니다. 하나의 그룹은 지원과 양육에 기여합니다.

　그룹 모임에서의 나눔은 우리의 경험의 정당성을 인정해 주며, 우리만 갈등하는 것이 아니라는 것을 깨닫도록 도와줍니다. 만일 한 학급이나 청년회처럼 지속성이 있는 기존의 그룹이 얼마 동안 규칙적으로 예수기도를 행하기로 결정한다면, 그 그룹은 그 기도의 효과가 꽃을 피우는 것을 지켜볼 수 있는 훌륭한 장소가 될 것입니다.

　그룹은 다른 기능도 발휘합니다. 순례자의 고독한 여정은 그가 끈질기게 여행했기 때문만 아니라 그가 길을 잃고 망상이나 광기 속을 방황하지 않았기 때문에 감명적이었습니다. 우리가 깊은 기도의 세계에 들어가서 자신의 분심과 마귀들의 공격을 받을 때, 하나님의 길이 아닌 길에 미혹될 수 있습니다. 그룹이 행하는 한 가지 기능은 이런 일이 발생하지 않게 막아주는 것이며, 그렇기 때문에 그룹의 지도자(만일 위에서 말한 것처럼 그 그룹이 예배 모임에 속하는 그룹이라면 예배 인도자)는 반드시 예수기도를 실천해 본 경험이 있는 사람이라야 합니다. 이 책에서 설명하는 기도들을 실천해본 경험이 없는 사람은 어떤 기도도 가르치려 하거나 지도하려 해서는 안 됩니다. 기도, 기도의 힘, 그리고 기도할 때에 발생할 수 있는 장애물 등에 대한 지식을 얻은 사람만이 다른 사람들을 인도할 수 있습니다. 그러한 지식이 없다면, 그룹의 경험은 소경이 소경을 인도하는 것이 될 수 있습니다.

"하나님의 아들 예수 그리스도시여 나를 불쌍히 여기소서."

순례자는 방랑하며 길을 가다가 수평선 너머로 사라집니다. 그는 우리의 귀에 예수기도의 메아리가 울려 퍼지게 만들었습니다. 그는 커다란 선물을 우리에게 주었습니다. 하나님께서 값없이 풍성한 은혜를 부어주시는 것처럼, 그도 우리에게 선물을 주었습니다. 이 장에서 예수기도가 계속 우리와 동행했듯이, 이제는 우리가 그 선물을 가지고 가서 여행에 사용해야 합니다.

"하나님의 아들 예수 그리스도시여, 나를 불쌍히 여기소서."

제4장

부정의 기도 Apophatic Prayer
잠잠하여 알라

**여정의 동반자:
『무지의 구름』의 저자와 십자가의 요한**

우리는 자신이 하나님 앞에서 무력하다는 것을
인정해야 합니다. 우리는 창조주께서 오셔서
우리를 발견하실 것을 믿어야 합니다.

*lectio divina*와 예수기도의 주된 도구는 단어들입니다. 집중하고 심상을 사용하는 것, 반복, 그리고 경청 등에 의해서, 이러한 기도 방식에서 만나는 단어들과 절들은 우리가 하나님을 찾는 것을 도와줍니다. 그러나, 단어들을 초월하면 어떨까요? 우리가 단어도 없고 안내판도 없고 풍경도 없는 곳으로 들어간다면 어떨까요? 만일 이런 일이 발생한다면, 우리는 이 장의 주제인 부정의 기도의 세계에 도착한 것입니다.

만일 부정의 기도의 본질에 절대적으로 충실하려 한다면, 이 장 전체를 공백으로 남겨두어야 할 것입니다. 그러나 안타깝게도 출판사나 많은 독자들은 그것을 용납하지 않을 것입니다. 그러나 그러한 근본적인 비움의 예증은 이 장에서 제시하는 많은 말보다 더 정확하게 부정의 기도를 설명해줄 수도 있습니다. 이는 부정의 기도(apophatic prayer), 또는 침묵의 관상기도(silent contemplative prayer)—이 장에서는 이 두 가지 용어를 구분하지 않고 사용할 것입니다—는 심상(心象)을 사용하지 않는 기도이기 때문입니다. 이 기도를 할 때에, 우리는 단어나 이름이나 개념이 없는 하나님이라는 광대한 공간 속으로 끌려들어갑니다. 우리는 먼저 하나님은 우리가 그분에 대해 알고 있는 모든 것을 초월하신다는 견해를 진지하게 취합니다. "하나님의 무한한 존재와 비교해 보면, 창조 세계의 모든 존재는 아무 것도 아니다."(『갈멜 산의 등정』 25).

우리는 성경에서 "주"(Lord)라는 단어를 읽을 때마다, 하나님의 본성에 대한 이러한 견해를 접합니다. 왜냐하면 이 단어는 *YHWH*라는 히브리어, 결코 발언되어서는 안 되었던 하나님의 이름을 번역한 것이기 때문입니다. 그러나 히브리인들은 그들의 성경에 빈칸을 남겨두기보다는 *YHWH*라고 썼습니다. 여기에서 나도 무(無)라는 본질을 가진 부정의 기도에 대해서 무엇인가를 말하려고 노력해야 합니다.

우리의 모든 기도 방식들이 그렇듯이, 이 기도 방식도 오래 전에 생겨났습니다. 4세기에 영국에서 어느 익명의 작가가 『무지의 구름』(*The Cloud of Unknowing*)이라는 책을 저술했습니다. 그 책은 침묵의 관상기도에 대해 설명하고 묘사하려 한 책입니다. 이 책 및 16세기에 스페인에서 활동한 십자가의 요한(Saint John of the Cross)과 아빌라의 테레사(St. Teresa of Avila)는 오늘날 우리가 부정의 기도를 이용할 수 있게 하는 데 도움을 주었습니다. (그러한 기도를 현대적으로 변형한 것들이 여러 가지가 있습니다. 하나는 토머스 키팅[Thomas Keating]과 베이즐 페닝턴[Basil Pennington]이 대중화 시킨 집중기도[Centering Prayer]이고,

또 하나는 존 메인[John Main]이 묘사한 기독교적 묵상입니다.)

하나님의 장소:
역설과 무념(無念, nonthought)의 세계

앞으로 보게 되겠지만, "이용할 수 있다는 것"(available)은 "쉽다"는 의미가 아닙니다. 부정의 기도는 역설과 무념이라는 묵상 기술을 의존하고 또 그것을 발달시키기 때문에, 여러 가지 일을 하는 것, 직선적인 사유(思惟), 그리고 옳고 그른 대답에 익숙해져 있는 사람들이 볼 때에 정신병자를 위한 처방으로 여겨집니다. 역설과 무념이란 무엇을 의미합니까?

역설(Paradox)은 분명히 상반되는 두 가지 개념을 동시에 받아들임으로써 위대한 진리를 이해하는 기술입니다. 역설의 한 가지 예는, 하나님에 대해서 아무 것도 알지 못함에 의해서 하나님을 알 수 있다는 생각입니다. 외견상, 그것은 이해가 되지 않습니다. 그러나 그것은 우리의 정상적인 이해 방식으로 볼 때에만 이해가 되지 않습니다. 만일 우리가 직선적인 논리 너머를 바라본다면, 그 진술 안에서 진리를 보기 시작할 수 있습니다. 왜냐하면, 만일 우리가 자신의 제한된 앎(knowing)의 방식을 버린다면, 하나님께서 우리의 의식 속에 보다 깊은 앎을 주입하실 수 있으며, 따라서 우리는 알지 못함(not knowing)에 의해서 하나님을 안다는 것을 깨닫기 때문입니다.

지혜 있는 교사들의 "오묘한 말"(잠 1:6)들은 역설적인 진술들입니다. 『무지의 구름』의 저자의 말에 다음과 같은 언급이 들어 있습니다: "나는 이런 방식으로(직선적인 방식으로) 내면생활을 표현하려 하지 않습니다. 나는 역설로 말하려 합니다."(『무지의 구름』 136)

"무념"(nonthought)은 역설과 밀접하게 연결되어 있는 개념입니다. 우리는 일상적이고 논리적인 사고 과정을 통해서 이해하려는 시도를 포기하고, 하나님께서 우리를 대신하여 생각하시는 것을 허락합니다. 『무지의 구름』의 저자는 이러한 기술에 능숙한 사람입니다. 예를 들어, 침묵 기도를 하는 방법에 대해 질문하면, 저자는 이렇게 대답합니다: "만일 당신이 사랑의 관상 작업(침묵 기도)을 열심히 행하는 방법에 대해 질문한다면, 나는 완전히 당황할 수밖에 없습니다"(『무지의 구름』 90). 우리는 다시 백지로 돌아옵니다.

우리는 항상 해야 할 일이 있고 옳고 그른 대답들이 존재하는 세상에 살고 있습니다. 다항식 선택의 시험을 위해서든지 직장에서의 임무를 위해서든지, 우리는 하나의 해답이 존재하며 상황에 적합한 행동이 있을 것이라는 말을 듣습니다. 탁월한 선택이 있고 좋지 않은 선택이 있습니다; 우리는 좋은 학점을 받을 수도 있고 좋지 못한 학점을 받을 수도 있습니다. 승자가 있고 패자가 있습니다. 우리는 2진법의 세계에서 컴퓨터처럼 생각하는 훈련을 받고 있습니다; 스위치는 켜져 있거나 꺼져 있습니다.

부정의 기도는 정확성과 확실성이라는 우상들을 파괴합니다. 『무지의 구름』에서 저자가 "무지의 구름"(Cloud of Unknowing)이라고 표현한 관상적 침묵 속에 들어가면, 자신이 하나님에 대해 아무것도 알지 못한다는 깨달음에 이릅니다; 우리는 단순히 복종하며, 하나님께서 우리를 알아주시기를 기다려야 합니다.

> 당신이 생각들과 싸우다가 완전히 기진했다고 느낄 때에는 "더 이상 그것들과 싸우는 것은 무익하다"라고 스스로에게 말하고 나서 포로나 겁쟁이처럼 그것들 앞에 엎드립시오. 왜냐하면, 이렇게 행할 때에, 당신은 원수들의 한복판에서 당신 자신을 하나님께 맡기며 당신의 본성의 근본적인 무능함을 인정하게 되기 때문입니다.(『무지의 구름』 88-89)

이 완전한 양도(讓渡), 궁극적인 무관심은 우리를 완전히 빈 것처럼 보이는 공간 속으로 밀어 넣습니다.

> 그러나…당신은 "그렇다면 나는 어디에 존재하게 될까요? 당신의 평가에 의하면 나는 어디에도 존재할 수 없을 것입니다!"라고 말합니다. 맞습니다. 당신은 그것을 제대로 표현했습니다. 왜냐하면 나는 어디에서도 당신을 소유하지 못할 것입니다. 그 이유는 무엇입니까? 영적으로는 모든 곳이 무명(無明)의 상태이기 때문입니다.(『무지의 구름』 136)

우리는 이제 더 이상 통제하지 않습니다. 하나님에 대한 우리의 이해가 갑자기 우리에게 소용이 없게 됩니다. 실제로, 세상에 속한 것에 대한 우리의 이해는 갑자기 무너지는 모래처럼 됩니다(마 7:26-27을 보라). 심지어 하나님을 향한 우리의 갈망도 더 이상 도움이 되지 못합니다. 왜냐하면, 침묵의 관상을 할 때에는 우리 자신의 영적으로 긍정적인 갈망까지도 초월해야 하기 때문입니다. 십자가의 요한은 이렇게 말합니다:

> 영혼이 먼저 자연적인 것과 초자연적인 모든 것에 대한 갈망을 피하지 않는다면, 하나님과의 합일의 상태로 넘어갈 수 없습니다…왜냐하면 이런 것들과 이 합일의

상태에서 발생하는 것 사이에는 엄청난 거리가 있기 때문입니다. 하나님과의 합일이란 곧 하나님 안에서의 변화입니다.(『갈멜 산의 등정』 29)

부정의 기도 실행

이 무지(unknowing)는 어떻게 실천합니까? 방법 자체는 매우 단순합니다.

> 당신의 갈망 전체를 정신이 쉽게 사용할 수 있는 한 단어로 집약하려 한다면, 짧은 단어를 선택하십시오…"하나님"이나 "사랑"처럼 단음절의 단어가 가장 좋습니다…그 다음에는 그 단어를 당신의 정신 속에 고정시켜 어떤 일이 있어도 당신의 정신 안에 머물게 만드십시오.(『무지의 구름』 56)

당신은 하나님을 알려는 자신의 갈망을 표현하는 간단하지만 거룩한 단어를 선택합니다; 지금 그러한 단어를 선택할 수도 있습니다. 그 다음에는 그것에 정신을 집중하고, 하나님을 향한 갈망의 초점을 그 단어에 둡니다. 정신이 산만해질 때마다 다시 그 단어에 집중합니다. 예수기도와는 달리, 이 단어를 거듭 반복할 필요가 없습니다. 그 단어는 정신이 산만해질 때마다 집중할 수 있는 초점 역할을 합니다. 그것뿐입니다.

부정의 기도의 도전

부정의 기도에 관한 몇 권의 책들은 그 기도의 장점에 대해 말해줄 것입니다. 즉 그것이 얼마나 평화로운지, 당신이 영혼 속에서 얼마나 하나님의 충만을 경험할 것인지, 당신의 정신이 창조주의 무릎에서 얼마나 고요히 쉴 것인지 등에 대해 말해줄 것입니다. 안타깝게도 이런 책들은 부작위의 죄를 범한다고 볼 수 있습니다.

나는 언젠가 관상기도에 대해 이야기하려고 우리 부부를 찾아왔던 남자의 실망한 표정을 잊을 수 없습니다. 우리는 침묵 기도에 중심을 두는 수도원에서 살고 있었는데, 그 남자가 피정을 위해 그곳에 찾아왔습니다. 그 사람은 침묵의 관상기도의 기적에 대한 글들을 읽은 적이 있었고, 하나님과의 광신적인 경험을 기도하고 있었습니다. 그런데 그는 그것과 정반대가 되는 것을 만났습니다.

그는 생각을 멈출 수 없다고 말했습니다. 그의 정신은 하루 24시간 동안 질주하고 있었습니다. 심지어 그는 평안하게 잠도 이루지 못했습니다. 교회에서의 침묵 기도 시간은 생생한 악몽이었습니다. 그는 무엇인가를 제대로 하지 못하고 있기 때문에, 완전히 백치처럼 느꼈습니다. 게다가, 그날 아침에 그는 계단을 내려오다가 미끄러져서 땅에 자빠졌습니다.

그는 "땅에 자빠져 있는 동안, 나는 '이것은 기적이다. 나는 여기에서 묵상 피정을 하다가 죽는구나.'라고 생각했습니다"라고 말했습니다.

나는 웃지 않을 수 없었습니다. 그 사람의 고통을 보고 웃은 것이 아니라, 그가 경험한 것은 그가 책에서 읽는 번드레한 묘사들보다 더 부정의 기도에 대한 경험의 실체와 근접한 것이었기 때문이었습니다. 이것은 우리가 침묵의 관상과 관련하여 멋진 경험을 할 수 없다는 말이 아닙니다. 그러한 경험을 할 수 있습니다. 많이 실천할수록 많이 경험할 것입니다. 그러나, 대다수의 사람들이 침묵 기도를 하면서 처음으로 만나는 것은 정신의 타락한 실체인데, 그러한 경험은 고통스러울 수 있습니다.

이미지가 전혀 없는 세계에 들어가면, 우리의 정신은 그 공간에 무엇인가를 채우려 합니다. 이러한 노력이 죄의 본질입니다: 하나님을 기다리지 않는 것; 우리가 자아와 세상의 주인이 되려고 노력하기 때문입니다. 따라서, 침묵의 관상기도를 할 때에 우리는 하나님의 은혜가 하나님의 현존의 선물을 주기를 기다리지 않고, 오히려 정신의 빈 공간을 우리 자신의 생각과 느낌과 견해와 계획들로 채웁니다.

안타깝게도 비평적이고 자기 비판적인 경향을 지닌 선한 기독교인이 갖는 가장 두드러진 생각들 중 하나는 자신이 잘못 행하고 있다는 생각입니다. 이 생각은 종종 강력한 분노와 거부감을 일으킵니다. 언젠가 침묵기도 피정을 인도할 때, 우리 지도자들은 참석자들에게 그들이 무슨 일을 해도 잘못이 아니라고 말해 주었습니다. 그럼에도 불구하고, 놀랍게도 참석자들은 자기들이 정신을 잠잠하게 만들 수 없기 때문에 잘못을 범하고 있다고 생각했습니다.

우리는 부정의 기도 안에서 우리 자신을 만납니다. 우리 자신에 대한 혐오감과 미움을 만납니다; 자부심의 부족과 수치심을 만납니다.『무지의 구름』의 저자는 이 경험이 "지옥을 보는 것처럼 무서운 것"일 수 있다고 말합니다(『무지의 구름』 137). 우리는 자신이 거의 통제력을 지니지 못하고 있음을 깨닫습니다. 이러한 현실은 고통스러운 것이며, 그에 대한 한 가지 반응은 그것들을 다른 사람에게 투사하는 것입니다. 따라서 갑자기 피정 지도자들이 무가치하게 됩니다. 또는 그들이 실제로는 기독교인이 아니거나, 피정 참석자들을 판단하며 배후에서 은밀하게 나쁜 생각을 합니다.

이 순간 우리는 무지의 구름 속에서 길을 잃습니다. 이 때 우리는 자신이 하나님 앞에서 무력하다는 것을 인정해야 합니다. 창조주께서 오셔서 우리를 발견하실 것이라고 믿어야 합니다. 우리가 거듭 자신이 택한 거룩한 단어를 상기할 때에, 우리의 존재의 깊은 곳에서 그 단어는 마치 우리가 소리의 반향을 기다리는 동안에 어둠 속으로 움직여 들어가는 음파탐지기처럼 됩니다. 그 단어는 "하나님, 제가 여기 있습니다"라는 우리의 외침을 상징하는데, 결국 그 외침에 대해 "너는 내 것이요 내 사랑하는 자이다"라는 부드러운 응답이 임할 것입니다.

부정의 기도를 실천할 때에는 우리가 정신을 잠잠하게 만들 수 없다는 것을 깨달아야 합니다. 정신을 잠잠하게 만들려 하지도 마십시오. 그러한 시도를 포기하십시오. 그저 기도의 외적 침묵의 무명(無明, nothingness) 안에서 기다리십시오. 그러면 어떤 일이 발생합니다: "마침내 그(기도하는 사람)가 그 어두움 속에서 큰 평안과 평정을 경험하여 그것이 하나님이실 것이라고 생각하게 되는 순간이 올 것입니다"(『무지의 구름』138). 하나님이 자신을 드러내십니다. 그것은 우리가 행한 것 때문이 아니며, 우리의 노력 때문도 아닙니다. 우리가 그렇게 이해하거나 올바르게 행했기 때문이 아니라, 하나님의 약속들은 참되며 하나님은 우리를 끝까지 찾아내시며 우리의 마음과 정신을 그리스도의 모양으로 변화시키기를 원하시기 때문입니다.

이러한 은혜의 순간들도 고통과 고난의 순간들만큼 우리에게 도전합니다. 그 이유는 무엇입니까? 두 가지 이유가 있습니다. 첫째, 그것들은 우리로 하여금 무엇인가를 성취했다고 느끼게 만듭니다. 우리는 '나는 이미 그 먼 해안에 도착했다. 나는 하나님을 발견했다. 나는 내 죄를 정복했다'고 생각합니다. 이러한 문장들의 구조에 주목하십시오: 그 문장들의 중심은 "나"입니다. "나"가 무엇인가를 행했습니다. 우리는 하나님으로부터 선물을 취하여 자신의 소유물, 자신의 업적으로 만듭니다. 갑자기 더 이상 하나님이 중요하지 않게 됩니다. 심지어 이 시점에서 기도를 멈출 수도 있습니다: '나는 이미 그것을 이루었다. 이제 다음 장으로 넘어가야 한다.' 이러한 태도를 취하는 순간, 우리는 기도를 포기합니다; 우리는 아무것도 성취하지 못했습니다. 우리가 본 장엄한 것들은 지옥의 환상들만큼이나 위험한 망상들입니다. 『무지의 구름』의 저자는 이렇게 권면합니다: "모든 피조물과 그 행위들뿐만 아니라 당신 자신, 그리고 당신이 하나님을 섬기면서 성취했을 모든 것을 잊는 법을 배우십시오"(『무지의 구름』 102).

이러한 평안의 느낌과 하나님과의 합일의 느낌이 우리에게 도전할 수 있는 두 번째 이유는, 그것들이 우리에게 임했을 때처럼 신속하게 사라진다는 것입니다. 우리는 갑자기 다시 심연 속에 던져집니다. 이제 우리는 더 이상 자신이 훌륭하다거나 하나님과 가깝다고 느끼지 않습니다. 우리는 다시 길을 잃었다는 느낌을 받습니다. 이때에 우리는 자신이 그리워하고 있는 것의 영광을 알기 때문에 그 느낌이 강화될 수도 있습니다.

이러한 반작용에 대한 적절한 반응은 그저 우리가 선택한 단어를 다시 생각하는 것입니다. 우리는 하나님에 대한 긍정적인 경험에 매달리지도 않고, 정신의 부정적인 경험을 거부하지도 않습니다. 왜냐하면 이 두 가지 경험 모두 이미지와 생각의 세계로부터 오는 것이며, 부정의 기도는 우리가 계속 생각을 넘어서서 하나님의 침묵 속으로 이동하도록 격려해 주기 때문입니다. 무슨 일이 일어나든지 간에, 우리는 다시 선택한 단어를 붙듭니다.

이 시점에서 우리는 '이 기도의 핵심은 무엇인가?'라고 의아해하고 있을 수도 있습니다. 우리는 아무 것도 하지 않고, 아무 것도 알지 못하고, 심지어 긍정적인 경험들까지도 무시합니다! 실제로, 언젠가 어느 피정에서 나는 "침묵 기도의 목적은 무엇입니까?"라는 질문을 받고서 "목적은 없습니다"라고 대답했습니다. 항상 무엇인가를 성취하려고 노력하는 우리의 관점에서 보면, 이 기도에는 목적이 없습니다. 중요한 것은 우리 자신을 하나님의 처분에 맡기고 우리가 창조주의 은혜로 채워지는 것을 허락하는 것입니다. '그렇지만 결과가 있어야 한다. 이 기도와 더불어 발생하는 것이 있어야 한다'고 주장하는 사람들이 있습니다. 이런 주장 때문에 그룹 침묵 기도에 대해 논의하게 됩니다.

그룹으로 행하는 부정의 기도

부정의 기도는 홀로 고독하게 실천하는 것이지만, 그룹에서도 훌륭하게 행할 수 있습니다. 첫째, 그것은 어려운 기도 방법인데, 그룹의 회원들이 침묵 속에서라도 서로를 지원해줄 수 있기 때문입니다. 둘째, 그 기도의 열매는 공동체 안에서 아주 분명해지기 때문입니다.

부정의 기도가 단순한 것처럼, 그룹으로 행하는 기법도 단순합니다. 모든 사람이 모여 앉아서 그 기도를 실천합니다. 흔히 사람들은 눈을 감고 행할 수 있지만, 만일 그것이 편안하지 못하다면 시선을 아래로 하고 2미터 정도 앞을 응시할 수도 있습니다. 자세가 중요합니다: 등을 곧게 펴고, 두 손을 무릎에 두십시오. 어떤 사람들은 방석을 깔고 바닥에 앉는 것을 편안하게 느낍니다.

지도자가 기도를 시작하여 정해진 시간에 마칩니다. 정해진 시간 동안, 약 20-45분 동안 기도를 계속하는 것이 중요합니다. 나는 오래 기도하는 것을 좋아합니다. 만일 피정 때에 부정의 기도를 실천하면서 좀 더 오래, 예를 들면 몇 시간 동안 기도하기를 원한다면, 걷는 시간과 앉는 시간을 교대로 갖는 것이 바람직할 것입니다. 걷는 시간에는 모두가 기도를 계속합니다(물론 눈을 뜨고서).

지도자는 "함께 기도합시다"라고 말함으로써 기도를 시작하고 "아멘"이라는 말로 마칠 수 있습니다. 어떤 사람들은 주기도문으로 기도시간을 마치는 것을 좋아합니다. 또 시작할 때와 끝날 때에 종을 칠 수도 있습니다. 역사적으로 기독교 공동체에서는 종을 침으로써 교인들에게 기도 시간을 알려주었습니다.

한 그룹이 일정 기간 동안 함께 침묵하며 관상기도를 할 때에 놀라운 일이 발생합니다. 첫째, 사람들이 "부드러워지기" 시작합니다. 시간이 흐르면서 사람들의 정신이 긴장을 풀게 되는데, 이것은 억지로 되는 것이 아닙니다. 우리의 정신은 속력을 늦추며 우리의 생각들은 우리를 덜 괴롭히기 시작합니다. 이러한 변화와 더불어 육체적인 특징도 변화되는데, 이것은 특히 피정 때에 분명해지는 변화입니다. 침묵기도 피정에 참석하는 외부인은 종종 모든 사람의 표정이 아주 부드러워진다고 평합니다. 우리가 세상을 통과하기 위해서 세운 단단한 모서리들이 닳아서 없어집니다.

정신과 함께 우리의 얼굴도 편해지고, 어깨에서 힘이 빠지고, 마음이 열리기 시작합니다. 우리의 눈에서 하나님의 사랑이 빛나기 시작합니다.

이러한 변화가 일어나면서, 또 하나의 현상이 발생합니다. 즉 사람들은 서로를 진정으로 사랑하기 시작합니다. 기도하는 동안에는 아무에게도 말을 걸지 않지만, 우리는 방에 있는 다른 사람들을 매우 긍휼하게 여기는 자신을 발견합니다. 우리는 새롭게 형제자매에게 마음을 쓰기 시작합니다. 만일 우리가 교회에서 그룹으로 규칙적으로 기도를 실천한다면, 시간이 흐르면서 우리는 자신의 말은 적게 하고 다른 회원들의 말은 더 많이 들으려 합니다. 우리는 갑자기 자신이 잘 알지 못하는 사람들, 자신이 좋아하지 않는다고 생각했던 사람들과 접촉하기를 원합니다. 그리하여, 공동체 안에서 서서히 기도의 열매들이 익어가기 시작합니다; 하나님이 우리를 형성하시는 것을 우리가 허락할 때에, 그 기도의 결과들이 분명해집니다.

부정의 기도의 경험들을 발표할 때에도 그룹이 유익할 수 있습니다. 그러나, 한 가지 조심해야 할 것이 있습니다. 개인이 기도하는 동안에 자신의 생각들에 집착하지 말아야 하듯이, 그룹 토의는 다른 사람의 기도 경험을 분석하거나 그 기도의 기대치나 결과들을 비교하기 위한 것이 아닙니다. 그룹에서는 단지 서로의 말을 들어주며, 그 기도에 충실하려고 노력하는 회원들을 지원합니다. 결국 그룹의 각 구성원들은 다른 사람들이 선택한 단어로 돌아가도록 격려해줄 수 있습니다.

공동체에서 부정의 기도를 실천하는 것은 본질상 또 하나의 역설입니다. 이 기도는 침묵과 독거와의 근본적인 만남이지만, 공동체 안에서 실천될 수 있었습니다. 왜냐하면 그 기도의 결과는 하나님 나라의 표현이기 때문입니다. 하나님께서 기도하는 각 사람을 통해서 빛나기 시작하면, 우리는 서로에게서 예수를 보기 시작합니다. 우리는 하나님 사랑, 자아 사랑, 그리고 이웃 사랑을 경험합니다. 이 세 가지는 영성생활에 필요한 요소들입니다.

이제 다시 당신이 선택한 단어에게로 돌아가십시오.

제5장

규문(糾問)
일상생활 속의 하나님

여행의 동반자: 성 이그나티우스

침묵 기도는 우리로 하여금 우리 자신의 세계 너머로
이동하게 하려는 데 반해, 규문은 우리를
향해 움직이시는 하나님, 우리를 구원하시기
위해서 우리의 세상 속으로 들어오시는
하나님을 발견하는 데 도움을 준다.

1521년에 "로욜라의 이그나티우스라고 불리는 젊은 스페인 귀족이 전쟁에서 부상을 입었습니다. 그가 병상에 누워 있는 동안, 그의 생각들은 세상적인 영광과 그리스도를 따르는 것 사이를 오갔습니다."(『영신수련』 14). 그는 어떻게 해야 했을까요?

우리는 모두 그와 같은 불확실성과 의심의 시기를 경험한 적이 있습니다. 우리의 삶의 길은 어느 쪽으로 이어져야 합니까? 하나님은 어떻게 우리를 부르시고 계십니까? 예수님은 두 갈래 길에서 왼쪽 길을 택하셨습니까, 오른쪽 길을 택하셨습니까? 로욜라의 이그나티우스는 순전한 은혜의 선물로 주어지는 결단의 순간에 직면했을 때에 놀라운 깨달음을 얻었습니다. 그는 자신이 선택할 수 있는 것들을 관찰하면서 "세속적인 로맨스들의 결과는 건조함과 불안이지만, 거룩한 시나리오는 그를 평안하고 만족하게 해 준다"는 점에 주목했습니다(『영신수련』 14-15). 이그나티우스는 후자의 느낌들은 성령의 열매들(갈 5:22-23)과 비슷하지만 전자는 그렇지 못하다는 것을 알았습니다. 그는 이러한 상반된 느낌들이 생겨나는 것을 지켜보면서, 하나님께서는 어떤 길이 하나님에게서 온 것이고 어떤 것이 하나님에게서 온 것이 아닌지에 관한 힌트들을 그에게 주도록 그의 존재를 계획하셨다는 것을 깨달았습니다. 이러한 인식이 기독교의 가장 유명한 저서들 중 하나인 이그나티우스의 『영신수련』의 핵심입니다. 이 장에서는 하나님의 현존의 표식을 알기 위해서 우리의 일상생활을 성찰하는 영적 방법에 대해 살펴볼 것입니다.

우리는 무지의 구름의 안개를 떠나 이 방법에 이릅니다. 침묵기도와 예수기도는 우리를 초월하시는 하나님, 우리가 상상할 수 있는 어떤 것보다 더 크신 분, 이름이 없으신 유일자에 대해 우리가 상상할 수 있는 모든 것을 태워버리는 총명을 소유하신 분의 세계로 데려갔습니다. 그러나 대부분의 사람들은 하나님과의 복된 연합에 사로잡힌 상태로 세월을 보내지 않을 것입니다. 우리는 세상의 엄연한 현실 속에서 살고 있습니다. 우리는 직장에 출근하고, 친구들과 시간을 보내고, 설거지를 하고, 잡일을 합니다. 이러한 시간에 알맞은 기도 방법이 없을까요?

성 이그나티우스의 규문 기도는 내재하시는(또는 가까이 계시는, 내주하시는) 하나님을 찾는 기도 방법입니다. 항상 우리와 함께 계시는 하나님, 우리가 생각하기도 전에 우리의 생각을 아시는 하나님, 모든 것 안에 계시며 모든 것의 중심에 계시는 하나님이십니다. 그러나 하나님은 가까이 계시면서도 감추어져 계십니다. 그렇기 때문에 하나님의 빛을 표면화하는 기도 방법이 필요하며, 그것이 규문의 핵심입니다.

세상을 이해함

이 기도 방법을 이해하려면, 먼저 우리의 경험의 본질을 살펴보아야 합니다. 스팅(Sting)이라는 가수는 "사랑은 일곱 번째 파도"라는 노래에서 우리의 현실의 본질을 "감각의 제국", 우리 각 사람이 여왕이 되는 장소로 묘사합니다. 그의 노래는 우리는 대부분의 시간을 자신이 만들어낸 독특한 세상에서 산다는 진리를 서정시로 표현한 것입니다.

우리는 매 순간 수백만 비트의 지각적 자료들의 공격을 받으며, 그것들을 가지고서 주위 세계를 이해합니다. 우리는 일관성이 있게 그것들을 조직하는데, 이러한 조직의 유형은 개인적인 습관과 성향에 따라 달라집니다. 어떤 사람은 지는 해의 아름다움을 감상하지만, 어떤 사람은 너무 일찍 어두워진다고 해서 지는 해를 저주합니다. 해가 지는 것은 동일하지만, 두 명의 관찰자들—스팅의 노래에서 말한 "여왕들"—은 그것을 각기 다르게 해석합니다.

이 과정은 매우 강력하기 때문에, 우리는 그것을 의식조차 하지 못하며, 대부분의 경우 자신의 세계 안에서 길을 잃고 방황합니다. 규문은 '이 모든 것 안의 어디에 하나님이 계시는가?'라는 질문에 대답하려 합니다. 침묵 기도는 우리를 자신의 세계 너머로 움직이게 하려는 데 반해, 규문은 우리를 향해 움직이시는 하나님, 우리를 구원하기 위해서 우리의 세계로 오시는 하나님을 발견하도록 도와줍니다.

예수님은 항상 우리의 관심을 얻으려고 노력하시지만, 과연 그분은 어디에 계십니까? 지는 해의 아름다움 속에 계십니까, 아니면 어두워지는 것 때문에 슬퍼하는 우리를 위로하려 하고 계십니까? 이그나티우스는 이 순간에는 그 질문에 대답할 수 없다고 선언합니다. 기도생활에 아주 능숙하지 않은 한, 하나의 경험이 하나님에 대한 것인지 아닌지 결정하는 것은 매우 어렵습니다. 이 결론은 세상에는 두 종류의 "영들"이 존재한다는 규문의 기본 가정에서 나온 것입니다. 이 문제에 대한 해답은 우리의 현실의 기본적인 특성들 중 하나인 시간을 사용하는 데 있습니다. 이제 그것에 대해 설명해 보겠습니다.

하나님을 향해 움직이는 것, 또는 하나님에게서 떠나는 것

규문의 중심에는 기독교의 전통적인 우주관이 놓여 있습니다: 세상에서는 선한 영이 수행하는 선과 악한 영이 수행하는 악이 작용합니다. 선한 영들은 하나님에게서 오며,

우리에게 경건한 생활을 하도록 영향을 주려 합니다. 악한 영들은 사탄의 지배를 받고 있으며, 우리를 죄와 타락의 삶으로 이끌어가려고 노력합니다.

오늘날 모든 사람들이 반드시 이러한 세계관을 소유하지는 않습니다. 많은 사람들은 악이라는 것, 객관적인 옳고 그름이라는 것이 존재하지 않는다고 여깁니다. 이러한 견해를 가지고 있는 사람은 규문을 이해하기 어렵습니다. 그러나, 의인화된 악한 영—마귀—의 존재를 믿지 않는 사람도 사람에게는 "거룩"하거나 "신령"해질 수 있는 능력이 있다고 믿는 듯합니다. 그러므로, 비록 부정적인 영적 지도나 힘을 인정하지 않는 사람이라도 우리가 긍정적인 영적 방향으로 움직일 수 있다는 것을 이해할 수는 있습니다. 종종 사람들은 이러한 믿음을 윤리학으로 표현합니다. 예를 들면, 사람들에게 인색한 것보다는 친절한 것이 낫습니다.

현실에 대한 그러한 개념들을 이해하거나 표현하기 위해서 어떤 언어를 사용하든지 간에, 개인은 하나님을 향하거나 하나님에게서 떠나게 만드는 행동에 개입한다는 견해가 규문의 중심에 있다는 것을 알아야 합니다. 그러나 지금으로서는 어느 방향으로의 움직임도 "선한" 것처럼 보일 수도 있습니다. 오늘날 우리는 자신에게 불쾌한 행동들이 문젯거리가 아니라고 자신을 설득하면서 그러한 행동에 개입하는 것을 묘사하기 위해서 "부인"(denial)이라는 단어를 사용합니다. 술 중독자는 매일 술에 취하는 것이 훌륭한 행동이라고 생각할 것입니다. 이 사람 주위에 있는 사람들은 술을 마시는 것이 "하나님의" 일이 아니라는 것을 알 수 있지만, 술을 마시는 사람은 자신의 죄를 보지 못합니다. 우리는 이웃을 속이거나 도둑질하는 것을 합리화할 수 있습니다; 종종 살인도 선한 일로 여길 수 있습니다.

현재 선한 영이나 악한 영이 하나님으로부터 온 것처럼 보일 수 있다면, 하나님을 따르기를 원하는 사람에게 있어서 그에 대한 해결책은 무엇일까요? 이그나티우스는 영들의 움직임은 열매를 맺는다는 바울의 이해에 기초를 두고서 이 질문에 대답합니다(갈 5:22-23). 그는 자신의 삶에서 하나님의 역사하심을 발견하는 데 도움을 주기 위해서 시간을 사용했습니다.

이그나티우스는 현재 안에서 하나님을 발견하기 위해서 과거를 바라보는 일부터 시작합니다: 그의 생각과 느낌들이 어떻게 나타났습니까? 그의 소원과 행동의 결과는 무엇이었습니까? 비록 초심자의 정신 안에서는 악한 영들이 지금은 자기들의 목적을 숨길 수 있지만 영원히 숨길 수는 없다는 것을 이그나티우스는 알고 있습니다. 어느 시점에서 그것들은 자기들이 그 사람을 하나님으로부터 멀리 떨어진 방향으로 인도하고 있다는 것을 드러냅니다: "우리에게 떠오르는 생각들의 흐름이 악한 것으로 종결될 수도 있습니다…그것들은 그것들이 악한 영에게서 나오고 있다는 분명한 표식입니다"(『영신수련』 120). 계속 해서 술 중독자를 예로 들어 보겠습니다: 그 사람은 얼마 동안은 술 취하는 것이 좋다고 생각할 수 있겠지만, 가정과 직장과 집을 잃게 되면 그러한 행동을 하면서 악을 숨길 수 없게 됩니다.

이그나티우스는 시간이라는 도구를 사용하여 자신의 경험을 돌이켜 보면서 삶의 모든 부분을 회고할 수 있었고, 자신의 회고가 "위로"를 주는지 "쓸쓸함"을 주는지 주목할 수 있었습니다.

> 영혼 안에서 어떤 내적인 움직임이 발생하였을 때, 그것에 의해서 영혼이 창조주에 대한 사랑으로 타오른다면, 그것을 위로라고 부릅니다…
> 신앙의 부족, 희망의 부족, 사랑의 부족으로 이어지는 유혹들…로부터 오는…경향은 쓸쓸함…영혼의 어두움…혼의 쓸쓸함이라고 부릅니다…위로와 쓸쓸함이 서로 반대인 것처럼, 위로에서 오는 생각들은 쓸쓸함에서 오는 생각들과 반대입니다.(『영신수련』 115-16).

하늘을 나는 비행기가 흔적을 남기듯이, 하나님은 우리의 삶에 경험의 흔적을 남기신다는 것을 이그나티우스는 깨닫습니다. 하나님이 우리의 제국에 남기신 길을 발견하는 열쇠는 그 경험의 흔적의 증거를 탐색하는 것입니다. 이 탐색이 규문의 실천입니다.

규문의 실천

이 방법도 대부분의 기도 방법들처럼 매우 단순합니다. 먼저 하나님의 음성을 들을 준비를 합니다. 이그나티우스는 하나님의 음성을 듣는 준비에 두 단계가 필요하다고 생각합니다.

첫 단계는 우리의 실존의 목적을 상기함으로써 성취되는 '적절한 의도'(proper intention)입니다: "내가 피조된 목적, 즉 우리 주 하나님 찬양과 내 영혼의 구원만을 생각해야 합니다"(『영신수련』 55). 이 목적을 기억하는 것은 오로지 자신에게만 초점을 두거나 하나님으로부터 멀어지려는 욕망에 의한 분심을 막는 데 도움이 됩니다; 그것은 우리가 삶에서 하나님의 뜻과 하나님의 현존만을 추구하고 있다는 것을 상기시켜 줍니다.

둘째 단계는 첫 단계를 확장한 것입니다. 만일 우리가 오직 하나님의 일만을 위해 피조되었다면, "모든 피조물에 대한 무관심의 상태에 도달해야 합니다…다시 말해서, 우리는 질병보다 건강을, 가난보다 부유함을, 수치보다 명예를, 단명(短命)보다 장수(長壽)를 선호해서는 안 됩니다"(『영신수련』 12). 이것은 가능한 한 편견 없이 기도를 시작해야 한다는 의미입니다. 우리가 "어떤 것"을 좋아한다는 것은 그것이 하나님으로부터 온 것이라는 의미가 아니기 때문입니다. 마찬가지로, 아주 불쾌한 경험들 안에서 적극적으로 활동하시는 하나님을 발견할 수도 있습니다. 우리의 삶 속에서 하나님의 활동을 보려면, 분명한 선택권이나 욕망들을 넘어서는 가능성에 대해 자신을 개방해야 합니다. 그렇게 하기 위해서는 내적 무관심의 상태에 도달해야 합니다. 예수의 모친 마리아처럼 " 말씀대로 내게 이루어지이다"(눅 1:38)라고 말해야 합니다.

이와 같이 분명한 의도와 무관심의 상태에 도달한 후에, 선택한 기간을 회고해 보십시오. 회고의 대상은 어떤 날일 수도 있고, 어떤 주간일 수도 있고, 어떤 시간일 수도 있습니다. 어느 시기일 수도 있고, 청년 모임이나 예배와 같은 경험일 수도 있습니다. 무엇을 선택했든지 간에, 잠시 그 경험 전체를 회고하십시오. 그때 당신은 무엇을 느꼈습니까? 지금은 어떻게 생각합니까? 당신의 몸은 어떻게 느꼈는지 살펴보십시오. 이그나티우스는 하나님을 찾을 때에 우리의 모든 기능을 사용하는 것이 중요하다고 깨달았습니다: "인간의 모든 능력—지성, 기억, 상상력, 마음, 의지, 그리고 감각—이 동원되어야 합니다"(『영신수련』 20). 관찰할 때에는 주의력과 깨달음이라는 능력도 사용해야 합니다:

- 당신의 내면에서 하나님을 향한 움직임을 자극하는 삶의 느낌들은 어떤 것입니까?
- 당신으로 하여금 메마르고 생기가 없고 죽은 것처럼 느끼게 하며 살아계신 창조주의 활력으로부터 멀어지게 만드는 생각이나 기억은 어떤 것입니까?
- 이그나티우스는 "생각들의 흐름 전체를 세심하게 관찰하라고" 말합니다(『영신수련』119). 당신의 생각들은 빛과 사랑의 느낌으로 시작되지만 공허로 끝납니까?
- 당신은 고통스러운 것과 싸우면서도, 계속 하나님을 원하고 사랑합니까?

이러한 회고를 수행할 때에, 우리는 위로와 쓸쓸함의 모형들이 나타나는 것을 보기 시작할 수도 있습니다. 이러한 모형들은 이그나티우스가 묘사한 선한 영들과 악한 영들의 흐름을 나타냅니다. 처음에는 그것들을 분명히 보기 어려울 것입니다. 그러나 시간이 흐르면서 하나님께 속한 경험과 그렇지 않은 것에 대한 의식이 발달할 것입니다.

규문의 작용

내 인생에 어두운 시기가 있었습니다. 나의 결혼생활 상태는 좋지 않았고, 또 나는 대학원 과정을 이수하고 있으면서도 내가 어디로 가고 있는지 확신하지 못했습니다. 길을 잃고 혼란스럽게 느끼고 있었다는 말로도 그 상태를 표현하기에는 부족한 듯합니다. 이런 상태에서, 나는 여름 동안 노바 스코티아로 가서 수도원 건축을 돕기로 결심했습니다. 그것은 나의 존재가 상실된 상태에서 실천할 수 있는 가장 완전한 활동처럼 보였습니다. 그런데 문제가 생겼습니다. 나는 고물 자동차를 타고 콜로라도에 있는 집에서부터 그곳으로 가야 했는데, 집에서 학교까지의 거리인 8마일 이상을 운전하는 것을 두려워했습니다. 그러나 비행기나 다른 교통수단을 사용하여 수도원 건축현장으로 가는 것은 비현실적이었기 때문에, 나는 고물 자동차를 타고 가기로 결심했습니다. 그리하여 내 인생에서 가장 도전적인 여정이 시작되었습니다.

네브라스카 주에서 자동차의 변속기가 고장 났습니다. 나는 출발하기 전에 이미 자동차가 고장 날 것을 예상했었습니다. 나는 변속기를 중고 변속기로 교체했습니다. 그 후에도 몇 가지 사소한 문제가 발생했습니다. 그런데 미시건 주 북부 어딘지도 모르는 곳에서 발전기가 고장 났습니다.

길가에서 나는 고물 수집상의 차를 얻어 탔습니다. 나는 궁리 끝에 그 사람에게 고물자동차를 넘기고, 100마일 떨어진 곳에 있는 가장 가까운 버스 정류장까지 차를 얻어 타고 가기로 했습니다. 이제 간편하게 여행을 해야 했기 때문에, 나는 소중히 여기는 공구함을 포함하여 자동차에 있던 물건들의 대부분을 그 사람에게 주었습니다.

토론토에 도착한 후에 기차를 타고 노바 스코티아로 가면, 수도원에서 사람을 보내어 나를 데려가기로 했습니다. 나는 저녁 8시경에 토론토에 도착했는데, 기차는 다음날 아침 6시에 출발할 예정이었습니다. 나는 잠시 시내 관광을 하고 나서 역에서 밤을 보내기로 했습니다. 그런데 밤 11시쯤 역에 도착해 보니, 문이 잠겨 있었습니다. 버스 정거장으로 돌아갔으나, 정거장도 역시 문이 닫혀 있었습니다. 하는 수 없이 나는 밤새도록 토론토 시내를 이러 저리 돌아다녔습니다.

이제 규문을 해보면 어떻겠습니까? 그 당시 나는 기독교인이 아니었지만, 규문이라는 방법에 대해서 알고 있었습니다. 그래서 나는 이 별나고 끔찍한 여정의 단계 단계마다 행한 나의 결정들을 돌아보곤 했습니다: 우선 수도원으로 가기로 한 결정, 자동차와 물건들을 포기하기로 한 결정, 여행 경비가 증가했는데도 여행을 계속하기로 한 결정, 그리고 가는 곳마다 궁지에 빠진 것 등. 미친 것 같고 불가능하다고 생각되겠지만, 내가 모든 것을 성찰하고 분석한 결과는 동일했습니다. 즉, 위로—여행을 계속해야 한다는 것—였습니다.

나는 마침내 수도원에 도착했고, 1년 반쯤 뒤에 그곳에서 강력한 회심을 경험하고 예수를 알게 되었습니다. 만일 그곳에 가지 않았다면, 내 인생이 얼마나 달라졌을지 누가 알겠습니까? "세상적인" 논리가 나에게 포기하라고, 집으로 돌아가라고 말할 때, 규문은 여행을 계속하도록 도와주었습니다.

그룹에서의 규문

그룹으로 규문을 하려면 어떻게 해야 할까요? 하나님은 개인의 삶 안에서, 개인의 삶을 통해서만 역사하시는 것이 아닙니다. 규문은 우리의 공동체 생활 안에서 하나님의 적극적인 현존을 이해하기 위한 탁월한 방법을 제공합니다. 그룹 내에서의 규문은 두 가지 일반적인 방법으로 실천할 수 있습니다: (1) 개인이 성찰한 내용을 나눔으로써, 그리고 (2) 공동의 그룹 활동에 규문을 적용함으로써.

첫째 방법은 앞에서 논의된 다른 그룹 기도 방법들과 비슷합니다. 그룹 전체가 모이면, 회원들은 침묵하면서 각기 특정 시기를 회고합니다. 각각의 회원이 돌아가면서 자신의 개인적인 의견들을 나눕니다. 나는 학생들의 종교 교육을 위한 모임에 이 방법을 사용하고 있습니다. 학생들은 지난 번 모임 이후로 자신의 삶 속에서 하나님이 활동하신 장소에 대해 숙고합니다. 전체 과정에서 회원들은 서로를 알고 영성생활에 동참하며 하나님이 어떻게 상이한 사람들 안에서 상이한 방법으로 역사하실 수 있는지를 더욱 이해하게 됩니다. 이 방법을 사용할 때에, 회원들은 몇 가지 나눔에 대해서 논평할 수도 있지만, 되도록 논평을 최소화해야 합니다.

규문을 그룹 차원에 적용하는 두 번째 방법은 그룹의 활동에 대해 기도하는 자세로 숙고하는 것입니다. 이것은 하나의 그룹이 하나님의 뜻을 실천하는 생활 속에서 함께 성장하기 위한 매우 흥미롭고 귀중한 방법입니다. 회원들은 그룹 전체의 공동 활동에 대해 숙고하고 나서, 그룹에서 발생한 사건에 대한 개인적인 의견을 나눕니다. 공동 활동으로는 무엇이든지 가능합니다: 청년회 활동, 예배, 봉사 사업, 또는 교회의 제직회 등. 침묵 시간에 회원들은 정해진 활동에 대한 규문을 하고, 침묵 시간이 끝나면 자신이 관찰한 것들을 나눕니다.

나눔의 시간에는 그 그룹 안에서 하나님이 어떻게 움직

이고 계시는가에 대한 풍성하고 심오한 견해가 드러나기 시작합니다. 이것은 분별(discernment)의 과정으로서 특정 상황에서 하나님의 뜻이나 현존을 찾는 것을 말합니다. 여러 사람들이 공통된 행동을 조사하기 때문에, 그룹 전체가 함께 모인 시간에 하나님이 활동하시는지 아닌지에 관한 다양한 관점을 볼 수 있습니다.

사역을 위한 새로운 명령들

현재 내가 섬기는 교회에서는 예배 부서와 다양한 기독교 교육 프로그램에서 그룹 규문을 실천하고 있습니다. 내가 이 기도 시간에 대해서 끊임없이 감명을 받는 부분은 그룹 묵상의 풍성함입니다. 예배를 돌이켜 보면, 어떤 사람은 음악 감상을 했을 수도 있고, 어떤 사람은 위로를 느꼈을 수 있고, 또 다른 사람은 어린아이의 얼굴 표정에서 하나님의 현존을 느꼈을 수도 있습니다. 이 방법의 실천을 통해서, 우리는 특정 상황에서 하나님이 일하시는 여러 가지 방법을 봅니다. 그리고 이처럼 돌이켜 봄으로써 우리는 현재와 미래의 상황에서도 하나님을 보기 시작합니다.

우리가 기도할 때에, 하나님은 우리가 행하는 모든 일에 새 생명과 에너지를 가져다주는 사역을 위한 명령을 주시기 시작합니다. 예를 들어, 매 학년이 끝날 때면, 주일학교

교사들과 나는 피정을 행하면서 규문을 실천합니다. 우리는 그 해에 대해서 기도하며, 우리의 주일학교에 하나님이 현존하시는지 아닌지에 대해 기도합니다. 어느 해에는 교사들이 가르칠 것을 제대로 준비하지 않았을 때에 하나님의 현존이 부족하다고 느낀다는 것이 분명히 드러났습니다. 이러한 깨달음의 결과로서, 우리는 주일학교 스케줄을 개편하여 매달 교사 교육을 시행했습니다. 이 변화는 엄청난 유익을 가져다주었습니다. 교사들이 학생들에게 신앙을 전할 수 있는 능력이 증가하면서, 그들의 자신감도 커졌습니다. 기도는 성령이 우리 가운데 더욱 현존하실 수 있도록 하나님이 우리를 어느 곳으로 인도하고 계신지 볼 수 있게 해주었습니다.

이그나티우스가 장래에 대한 결정을 하려고 노력하면서 병상에서 자신의 삶에 대해 묵상할 때에 지녔던 원래의 목적이 바로 그러한 변화였습니다. 규문의 궁극적인 적용은 하나님께서 과거에 역사하셨는지 아닌지를 드러내고 우리로 하여금 현재와 미래에 하나님의 뜻을 더욱 분명히 따를 수 있게 해줍니다. 이그나티우스는 인생에서 "쓸쓸함과 위로의 경험을 통해서 많은 빛과 이해가 박탈당할 때에" 선한 선택을 하게 된다고 말합니다(『영신수련』 57). 따라서, 규문을 통해서 하나님이 우리의 삶에서 어떻게 역사하시는지 이해하게 되면, 하나님이 우리를 인도하실 배경이 될 선택—우리를 위로를 향하게 하고 쓸쓸함에서 멀어지게 하는 선택—과 명령들도 볼 수 있습니다. 우리가 하나님께서 원하시는 것이 아닌 것에 대해서 무관심하며 삶에서 부지런히 하나님의 뜻과 움직임을 찾을 때에 우리는 하나님의 현존을 경험할 수 있습니다. 현재 안에서 하나님을 경험하는 이것은 우리를 인도하여 우리의 조물주와 일치하는 행동을 하게 합니다.

"움직이며 우리로 하여금 선택을 하게 만드는 사랑은 위로부터, 즉 하나님의 사랑으로부터 내려오는 것이어야 합니다"(『영신수련』 59). 영들을 조사함으로써 이 사랑을 경험하는 사람은 당연히 그 사랑에게로 이끌립니다. 교회의 예배부에서 예배에 대한 규문을 실천하고 우리 가운데 계신 하나님의 강력한 현존을 목격할 때, 그들은 그 현존이 빛을 발하는 것을 허락할 새로운 예배의식들을 만들게 됩니다. 따라서, 과거에 대한 규문은 마치 자석처럼 우리를 현재의 순간들의 무수한 고리들 안에서 우리에게 점점 더 실재하게 되시는 사랑의 하나님의 품으로 이끌어갑니다.

제6장

창조력과 하나님
Creativity And The Divine
창조하는 것은 곧 기도하는 것

여정의 동반자: 빙겐의 힐데가르트

기도는 우리를 하나님과 연결해 주므로,
우리를 하나님의 창조적인 힘과
연결해주는 창조력은 하나의
기도 방법이 된다.

우리의 기도 방법들의 궤도는 서서히, 그러나 필연적으로 우리를 주위 세상으로 이끌어갑니다; 홀로 고독하게 행하는 성경 묵상에서부터 무지의 구름을 거쳐 예수님의 이름의 부드러운 공명(共鳴)에 이르기까지, 우리는 삶에서 하나님의 흔적을 조사하게 됩니다. 이것이 하나님과 함께 하는 삶의 본질입니다: 하나님께서 거룩한 사랑의 힘을 사람들에게 나타내기 위해서 우리를 사용하고자 하실 때, 거룩하신 하나님에 대한 우리의 경험들은 자연히 우리 자신 너머로 우리를 인도합니다.

이제 어떤 일이 일어납니까? 삼위일체의 더디지만 꾸준한 심장 박동에 맞춰 우리의 마음이 고동치기 시작할 때에 무슨 일이 일어납니까? 우리는 창조를 동경합니다. 기도하면서 하늘과 땅을 지으신 위대한 창조주 하나님을 의지할 때, 우리는 창조적 에너지와 갈망의 그릇들이 됩니다. 우리는 자신이 받은 은사를 표현하기를 원하며, 그것을 표현할 때에 창조의 행동은 본질상 기도, 즉 우리의 존재를 지탱해 주시는 하나님과의 합일을 추구하는 방법이 됩니다.

이 장에서 우리는 자신이 본 하나님의 환상에 생명을 주기 위해서 창조적 표현을 사용한 특별한 여인을 만날 것입니다. 빙겐의 힐데가르트(Hildegard of Bingen)에게 있어서 창조력은 그녀의 기도를 표현하는 수단이었을 뿐만 아니라 기도 자체였습니다. 힐데가르트는 거룩한 것에 대한 계시 안에 있는 독창적인 표현이 하나님의 현존의 충만의 일부임을 알게 되었습니다.

> 어머니의 자궁 속에서 생명을 주는 영을 받은 후, 우리가 태어나서 이런 식으로 자신을 행동으로 표현하기 시작하면, 우리의 가치는 영혼이 몸과 함께 행하는 업적에 의해서 분명해집니다.(*Mystical Writing*, 71-73)

힐데가르트는 1098년에 독일에서 태어났습니다. 그녀의 부모는 어린 그녀를 수녀원에 보냈습니다. 그녀는 81세 때인 1179년에 자신이 세운 수녀원에서 운명했습니다. 그녀는 30세 때에 처음으로 일련의 강력한 환상들을 받았는데, 오랫동안 이 환상들을 사람들에게 알리지 않았지만, 결국 사람들의 격려를 받아 하나님께서 그녀에게 주신 선물들을 발표했습니다.

힐데가르트는 인생의 많은 기간을 병상에서 보냈음에도 불구하고, 유럽 교회에 큰 영향력을 발휘했습니다. 그녀는 교회 개혁의 위대한 대변자가 되어 교황 및 교회의 지도자들에게 충고했을 뿐만 아니라, 시인, 시각예술가, 음악가, 치료사, 그리고 정원사이기도 했습니다. 참으로, 하나님의 창조력, 힐데가르트가 "녹화 능력"(greening power)이라고 묘사한 것이 격류가 되어 그녀에게서 흘러나왔습니다(*Mystical Writing*, 32).

창조력의 본질

창조력이란 무엇이며, 그것은 하나님과 기도에 어떻게 연결됩니까? 기도 방법으로서의 창조력이라는 개념을 이해하려면, 이 도전적인 질문에 대답하려고 노력해야 합니다.

먼저, 성경에서부터 시작하겠습니다. 성경은 무로부터 세상을 창조하시는 능력을 하나님의 근본적인 특성으로 제시합니다. 창세기 첫 부분에 그것이 기록되어 있고(창 1:1), 성경 전체에서 거듭 이러한 하나님의 특성이 제시됩니다. 하나님은 사람들과 동물들을 지으시고(예를 들면 창 1:20-27; 시 139:13), 존재들을 지으시고(시 104:24), 의를 지으시고(사 33:5), 창조주의 곁에 계시는 지혜와 함께 세상의 기초를 놓으셨습니다(잠 8:28-30).

창조력은 하나님이 하나님이라는 표시입니다. 인간은 하나님이 창조하시는 것처럼 창조할 수 없습니다. 힐데가르트는 다음과 같이 말합니다:

하나님의 영은 생명을 주는 생명입니다…
그분은 모두를 깨우시며

모두를 부활하게 하시는
빛나는 생명이십니다.(*Hildegard*, 69)

게다가, 이 창조력은 하나님의 또 다른 속성인 사랑과 연결됩니다. 하나님의 사랑은 하나님이 창조하시는 피조물들을 존재하게 합니다. 힐레가르트가 환상 중에 본 생명의 샘, 창조가 솟아나오는 샘은 이러한 본질적인 관계를 표현합니다:

> 하나님은 만물이 자신의 형태를 취하고 존재하도록 명하시기 전에, 솟구치는 샘에 나타난 그림자를 소유한 만물을 크신 사랑 안에 포용하십니다. 사랑이시여, 내 안에는 만물이 반영되어 있으며, 나의 광채는 사물들의 목적을 드러냅니다.(*Mystical Writings*, 101)

힐레가르트는 "마치 각각의 사물을 닮은 영상이 [생명의 샘]의 물에 비치듯이, 하나님이 지으신 인간들은 [하나님과 사랑] 안에 뿌리를 둔다"고 여깁니다(*Mystical Writings*, 99-101). 힐데가르트의 견해에 의하면, 하나님은 창조 과정에서 인간을 창조하시는데, 본질적으로 인간들은 하나님의 사랑이 인간들을 통과하여 흐를 때에 창조하도록 조성되었습니다. 따라서, 하나님께서 창조되어야 할 것들을 보시고 나서 창조하시는 것처럼, 우리도 삶 안에 있는 하나님의 현존과 능력에 일치하여 환상을 보고 창조하도록 계획되어 있습니다. "인류도 하나님의 피조물입니다. 그러나 인류만이 창조 안에서 하나님과 협력하도록 부름 받았습니다" (*Mystical Writings*, 28).

잭슨 폴록(Jackson Pollock)의 전기를 다룬 영화에서, 잭슨은 커다란 방의 한쪽 벽 전체만한 캔버스에 그림을 그려달라는 부탁을 받습니다. 잭슨은 며칠 동안 아무 것도 하지 않고 방 안에 앉아 있습니다. 그는 방 안을 천천히 걸어다니고, 한쪽 구석에 앉아 캔버스를 응시합니다. 그림을 배달해야 할 날이 가까워졌는데도, 그는 붓을 들지도 않고 있습니다. 마침내, 그는 자리에서 벌떡 일어서서 캔버스에 다가가서는 커다란 붓을 들고 그리기 시작합니다. 몇 시간 후에 그림이 완성됩니다.

폴록은 환상(vision)을 찾고 기다렸던 것입니다. 일단 그것이 나타났기 때문에, 그는 그것을 캔버스에 옮겨 담기만 하면 되었던 것입니다. 아마 화가들 중에는 머릿속에서 무엇을 본다거나 음악을 듣는다고 말하는 사람들이 있을 것입니다. 하나님께서 무로부터 창조하신 것처럼, 그들도 무로부터 무엇인가를 창조하라는 부름을 받습니다. 기도는 우리를 하나님과 연결해주므로, 우리를 하나님의 창조의 능력과 연결해주는 창조력은 하나의 기도 방법이 됩니다.

창조력을 방해하는 것들

안타깝게도, 이 특별한 기도 방법을 차단하는 중요한 장애물이 있습니다. 아마 당신은 이 장을 읽으면서 이미 그것을 대면했을 수도 있습니다. 우리 사회는 일찍부터 우리들 대다수가 "예술가들"이 아니라고 가르칩니다. 창조력을 향한 본성적인 자극을 짓밟는 것은 우리 문화가 나타내는 큰 죄의 표현들 중 하나입니다.

최근에, 나는 중학생들의 모임에서 시편의 한 구절을 출발점으로 삼아 그들 나름의 시편을 써 보라고 했습니다. 그들은 처음부터 이 활동을 두려워했습니다. 그들은 "그것을 할 수 없다", "글재주가 없다", "무슨 말을 해야 할지 모르겠다"는 등의 핑계를 댔습니다. 나는 무척 노력한 끝에 그들로 하여금 마음 편하게 자신의 시편을 완성하게 했습니다.

그 다음에, 나는 학생들에게 자기들이 쓴 시편을 낭독하게 하려 했습니다. 이번에도 학생들은 여러 가지 핑계를 대며 항의했습니다. 어느 여학생은 너무 두려워했기 때문에 내가 옆에 앉아서 함께 읽어 주었습니다. 결국 학생들 모두가 자기의 시편을 발표했는데, 그들이 쓴 시편들은 매우 훌

름했습니다. 문제는, 그 학생들이 자기의 작품의 아름다움을 볼 수 없다는 데 있었습니다. 이렇게 어린 나이에, 그들은 이미 자기들은 무엇인가를 창조할 수 없다고 생각하고 있었습니다.

우리 중 많은 사람들도 동일한 상태에 있습니다. 우리는 자신이 "예술적 능력이 없다"고, 즉, 그림을 잘 그리지 못한다거나 조각을 잘 하지 못한다거나 글을 잘 쓰지 못한다거나 음악을 잘 하지 못한다고 느낍니다. 이러한 느낌은 머릿속에 그러한 생각이 들어있는 어른들의 논평에 의해서 생성된 것입니다. 우리 사회는 사탄과 함께 무의식적으로 하나님께서 날 때부터 우리에게 주신 창조력으로부터 우리를 분리하려고 획책해왔습니다. 하나님은 우리가 피조물의 유익을 위해서 이 창조력을 사용하기를 원하시며, 우리가 이러한 부르심에 응답할 때에 우리의 기도생활은 그러한 창조력을 향해 가는 움직임이 됩니다.

삶의 방향이 기도의 실천을 중심으로 할 때, 우리에게 창조력이 부족하다는 의식은 서서히 사라지며, 우리는 창조하기를 갈망하는 자신을 발견합니다. 최근에 나는 피정에 참석하여 이러한 변화를 관찰했습니다. 훈련 중에, 나는 참석자들에게 그들의 건강과 영성에 대한 의식과 관련된 갈망을 고찰해 보라고 요청했습니다. 그 결과 모임에 참석한 사람들의 반 이상이 창조하고 싶은 갈망에 대해 이야기했습니다. 또 그들은 자기들이 창조적 노력에 보내는 시간과 그들의 건강 및 하나님과의 관계에 대한 의식 사이에 직접적인 상호 관계가 있음을 알았다고 말했습니다. 즉 그들이 창조하는 일에 시간을 적게 보낼수록 그들의 삶 속에서 하나님이 더 멀어지는 것처럼 보였다고 말했습니다. 비록 이 사람들이 창조적인 노력을 멀리했지만, 잠시 기도하고 나서 다시 창조하려는 갈망을 의식했습니다. 하나님께서 우리를 창조적인 존재로 지으셨기 때문에, 이러한 의식의 변화가 쉽고 신속하게 발생합니다. 힐데가르트는 이렇게 말합니다: "질그릇과 같은 몸 안에 이성적인 영혼이 들어 있습니다. 그렇기 때문에, 몸은 그 삶의 방식에 있어서 영혼의 안내를 받을 것이며, 믿음을 통해서 거룩한 영(하나님)을 관상할 것입니다"(*Mystical Writings*, 143).

기도로서의 창조력

그렇다면, 창조력이란 무엇입니까? 지금까지 설명한 다른 기도 방법들과는 달리, 이것은 정해진 형식을 갖지 않습니다. 하나님께서는 우리 모두에게 독특한 능력들을 선물로 주시기 때문에, 창조력을 "행하는" 방법은 문자 그대로 무한합니다. 여기에서 이 방법을 활용하는 방법을 간단히 설명하면서 몇 가지 예를 들겠습니다. 이 방법을 자신의 것으로 실천하는 것을 상상할 수 없는 사람들은 그룹으로 행하는 것이 특별히 유익할 수 있습니다.

먼저 기도에 임하는 의도와 태도에 집중합니다. 우리는 이미 그 방법을 행하고 있다는 의식을 가지고 시작합니다. 우리가 "일", "잡일", 또는 " 삶의 단조롭고 고된 일"이라고 규정하는 많은 활동들은 잠재력을 지닌 창조적 시도들입니다. 그러므로, 이 방법에서 중요한 것은 일상생활을 의식하고 주목하는 것입니다. 우리가 이미 창조하고 있는 것들을 열거해 보십시오: 가정, 생활공간, 교회, 작업 환경, 하루의 스케줄, 학교의 숙제, 운동 팀 등. 창조적인 기도의 출발점이 될 수 있는 것들의 목록을 작성해보면 다음과 같습니다:

- 집이나 방을 장식하는 일
- 옷치장
- 학교나 다른 환경에서 행하는 미술 활동
- 요리
- 사역, 또는 다른 일
- 우리 및 친구들이 참여하는 활동
- 저술 계획

이 모든 일 안에, 하나님의 "활기를 되찾게 해주는 능력"

이 임재하여 활동합니다. 당신은 그것을 의식하고 있습니까? 힐데가르트는 환상 중에 하나님이 "나는 가벼운 바람에 의해서, 모든 것에게 그것을 지탱해주는 보이지 않는 생명을 부여하여 소생하게 한다. 이 공기는 녹색의 힘과 그 꽃 안에 산다. 물은 마치 살아 있는 것처럼 흐른다"라고 하신 음성을 들었습니다(*Mystical Writings*, 91). 당신이 이미 창조 과정에 개입되어 있다는 것을 깨달을 때에, 이 기도가 시작됩니다. 만일 당신이 앞에서 말했던바 이미 창조력에 대해 부정적인 태도를 취하고 있었던 중학생들을 닮았다면, 그것을 극복하도록 도와달라고 하나님께 부탁해야 합니다. 당신의 창조적인 잠재력을 알게 해달라고 하나님께 부탁함으로써 창조적 기도 시간을 시작하십시오.

창조력 안에서 하나님을 알려는 갈망을 분명히 한 후에는, 당신의 관심을 끄는 창조적 활동이 무엇인지 주목해 보십시오. 당신은 전통적인 예술에 매력을 느낄 수도 있고, 건축에 관심을 느낄 수도 있고, 세상에서 당신이 책임감을 느끼는 적은 부분을 조직하는 것에 흥미를 느낄 수 있습니다. 혹은 정원을 가꾸기나 바느질이나 사회적인 행사를 조직하는 일을 좋아할 수도 있습니다. 당신이 하나님의 창조력의 널리 스며드는 실체에 대해 자신을 개방할 때에, 창조력이 도처에서 꽃을 피우는 것을 보기 시작합니다.

예를 들어, 신앙생활을 막 시작한 어느 여인이 어머니가 돌아가셨을 때에 도와준 사람들에게 감사의 편지를 쓰는 것에 대해 나에게 진지하게 이야기를 했습니다. 그녀는 전에는 이런 일을 하는 것을 두려워했는데, 이번에 자신이 각각의 사람에게 특별한 이야기를 글로 전하고 싶다고 말했습니다. 그녀는 자신이 편지를 쓰는 대상이 되어 그 사람이 장례식 때에 한 말을 기억했습니다. 그 다음에는 각 사람에게 쓸 특별한 내용을 생각했습니다. 이렇게 하는 동안에, 그녀는 자신에게 기쁨과 감사와 사랑의 의식이 가득 차는 것을 발견했습니다. 후일, 나는 이 편지를 받은 몇 사람들로부터 그 편지가 매우 놀라운 것이었다는 말을 들었습니다. 그 여인은 이 창조적인 활동 안에서 하나님의 사랑의 힘과 현존을 연결했던 것입니다. 그 경험은 그녀 자신만 아니라 주위 사람들까지 풍요하게 해주었습니다.

그러므로, 당신의 관심을 끄는 활동을 찾아내십시오. 계속해서 발생하는 장애물들—"이것은 시간 낭비이다", "나는 주목할 수 없다"와 같은 내면의 독백—에 주목하며, 하나님께 그것들을 극복할 수 있게 도와주시며 계속 창조적인 노력을 할 수 있는 용기를 달라고 부탁하십시오. 그런 후에 활동을 계속하십시오.

창조적인 기도를 행할 수 있는 또 다른 가능성은 창조적인 행동을 다른 기도 방법과 결합하는 것입니다. 예를 들어, 만일 당신이 거룩한 영적 독서(*lectio divina*)를 실천하는 중에 특별히 생생한 이미지가 임한다면, 그 이미지를 그리는 데 시간을 보내십시오. 그림이 완전하거나 정확하지 못해도 염려하지 마십시오. 그리는 과정이 새로운 기도 시간이 되게 하십시오. 그 예술적 활동에서 하나님은 당신에게서 무엇을 끌어내려 하십니까? 당신이 새롭게 깨달은 것은 무엇입니까? 하나님과 당신의 관계에 대해서 당신은 무엇을 새롭게 배우고 있습니까?

그룹으로 행하는 창조력의 기도

아마, 많은 사람들은 여전히 "이 방법은 내가 혼자서 행하기에는 너무 어려운 방법인 듯하다!"라고 말할 것입니다. 그렇기 때문에 필자는 그룹으로 창조력의 기도를 실행했습니다. 편안하게 창조력의 기도를 실천하는 사람들의 경우에도, 그룹이라는 환경은 그 기도를 더 깊고 풍성하게 해주는 놀라운 장소가 됩니다. 완전히 길을 잃었다고 느끼는 사람들에게 있어서, 그것은 놀라운 출발점이 됩니다.

그룹이라는 환경은 조직화된 시간과 특수한 창조적 활동을 제공하려는 목적을 지닙니다. 청년 그룹, 기도 그룹, 또는 피정 준비 위원회 등에서 창조적인 기도를 위한 기간을 정할 수 있습니다. 그 기간에, 사람들은 이 기도 방법에 익숙해지며 그 과정을 경험할 수 있는 기회를 얻을 것인데, 이것은 그들이 삶의 다른 시기에도 창조력을 인정하는 데 도움을 줄 것입니다.

그룹 지도자나 준비 위원회는 그룹을 위한 창조적인 활동을 찾아냅니다. 구조와 유연성을 가진 활동을 선택하고, 그에 따라서 준비하십시오. 만일 그룹에서 시각 예술 자료들을 사용할 예정이라면, 이용할 수 있는 물품들을 준비하십시오: 펜, 종이, 진흙, 그림, 콜라주를 만들 재료, 풀, 가위, 크레용, 파스텔, 테이프 등. 기도 시간에 행하는 회원들의 활동은 지도자의 상상력에 의해서만 제한됩니다. 다음은 참석자들이 행할 수 있는 활동의 시나리오입니다:

- 성경을 묵상한 후에 묵상한 것을 토대로 예술품을 만듭니다.
- 잠시 침묵하면서 하나님을 향한 자신의 갈망의 본질이 무엇인지를 보여달라고 하나님께 부탁하고 나서, 그에 대한 반응을 예술품으로 표현합니다.
- 자신의 삶에서 특별히 하나님의 현존을 느꼈던 시기에 주목하면서, 삶의 흐름을 선으로 작성해 봅니다.
- 지도자가 제시한 특수한 질문에 대해서 기도하고 나서, 침묵 묵상 중에 떠오른 대답들을 표현하기 위해서

무엇인가를 만듭니다.

지도자는 하나님이 현존하시면서 회원들을 위해 활동하고 계시다고 믿어야 합니다. 어떤 과제에 대해서든지 놀라운 반응이 일어날 것입니다.

회원들이 창작품을 만든 후에 그 결과에 대해 서로 이야기하는 시간을 줍니다. 이 시간은 매우 소중한 시간입니다. 사람들이 소리를 내어 이야기를 하거나 자신의 창조적 기도의 결과를 나타낼 때, 그 경험이 강화됩니다. 회원들은 이 시간이 실제로 기도의 시간이었다는 것을 인정하게 되면, 그러한 시간을 더 많이 갖기를 원하게 됩니다. 이러한 측면에서도, 힐데가르트가 본보기 역할을 합니다. 그녀가 자신이 본 환상들을 사람들에게 이야기할 때에, 비로소 그것들은 그녀의 삶과 교회의 생활 속에 실재하는 힘이 되었습니다. 그룹으로 행하는 다른 기도 방식과 마찬가지로, 이번에도 그러한 경험을 하게 해주신 하나님께 함께 감사의 기도를 하는 것으로 이 시간을 마칩니다.

창조적인 예배

그룹으로 행하는 창조적 기도에 속하는 하나의 특별한 범주는 예배입니다. 근래에 전례 예술(liturgical art)이 크게 부흥하고 있는데, 이것은 매우 반가운 현상입니다. 예술을 통해서 성경과 기도를 표현하는 것은 사람들로 하여금 하나님의 권능과 현존을 특별한 방법으로 경험하게 하는 데 도움이 됩니다.

소그룹에서 창조적 예배를 행할 수 있는 가능성은 무한히 많습니다. 예배 준비 위원회에서는 전례 예술을 창조하는 것 자체가 기도의 실천입니다. 준비 위원회가 다음 예배를 위해 기도하고 묵상할 때에, 위원들은 예배 안에 있는 예술적 표현의 가능성들을 보기 시작합니다. 그들은 특별한 성경에 대한 드라마를 상연하려 하거나, 전례력에 따라서 성전을 꾸미려 할 수도 있을 것입니다. 깃발이나 장식품들이 시리즈로 이어지는 설교의 매력을 강화해줄 수도 있습니다. 또 위원들은 시청각적인 표현이나 비디오 상연을 하려는 생각을 할 수도 있고, 그밖에도 여러 가지 의견이 있을 수 있습니다.

창조적 기도의 장점은 다음과 같습니다: 그것은 자립적이며, 표현 방식이 무한합니다. 창조력을 기도 방법으로 이해하기 시작하면, 우리는 자신이 창조적으로 활동하는 시기에 주목할 수 있으며, 삶의 여러 분야에서 하나님을 의식할 수 있습니다. 하나님의 말씀은 무한히 계속되므로, 지속적인 창조력의 끝없는 원천과 이어지기만 하면 우리는 생명수의 샘이 됩니다.

단순하지만 훌륭한 창조력의 예는 가방을 장식하는 것입니다. 학교에 다니는 내 친구는 작은 배낭에 책을 넣고 다닙니다. 그 친구는 이 배낭을 단추, 무늬, 수놓은 라벨 등으로 장식하곤 하는데, 그 중 많은 것은 그 친구의 믿음을 표현해주는 것이며, 나머지는 장식용입니다. 처음에는 단순한 배낭이었지만, 이제 그것은 그 친구의 기도 생활에 대한 살아있는 증거가 되었고, 아름다움을 통해서 하나님의 창조적 현존을 증거하는 배낭이 되었습니다. 나는 이 예술품을 볼 때마다 나 자신의 믿음을 생각합니다. 그것을 보는 순간은 경건한 순간입니다.

하나님의 창조적 능력의 사자(使者)인 힐데가르트의 글로 이 장을 마치려 합니다:

> 영혼이 이런 일들(하나님에 대한 환상들)을 경험할 때에, 나는 다른 인물로 변화됩니다…그리고…내 영혼은 샘에서 물을 마시듯이 물을 마십니다; 그런데 그 샘의 물은 줄지 않고 계속 가득 차 있습니다. 내 영혼은 항상 소위 "살아있는 빛에 대한 묵상"을 행합니다.(*Mystical Writings*, 146)

제7장

일지 쓰기 *Journaling*
하나님께서 보여주시는 것 기록하기

여행의 동반자: 노리지의 줄리안

우리는 일지쓰기를 실천할 때에, 하나님께서
우리로 듣고 알게 하려 하시는 것을
우리 자신과 사람들에게 전하려 하면서
두 개의 세계―하나님의 말씀의 세계와
우리의 말의 세계―를 잇습니다.

이 장에서는 "정신적"(mental) 기도 방법이라고 칭한 방법들—정신이 하나님과의 만남을 위한 주된 도구가 되는 방법들— 중 마지막 기도 방법을 다루게 됩니다. 이제 이 책의 첫머리에서부터 우리와 함께 해온 방법, 즉 일지쓰기라는 방법에 대해 살펴보는 것이 적절한 듯합니다.

이 방법이 "우리와 함께 해왔다"는 것은 어떤 의미입니까? 만일 이 책에서 다루어진 인물들이 자기의 기도 경험들을 기록하라는 부름을 받지 않았다면, 우리는 그들에 대해서 알지 못했을 것이며, 또 이 사람들이 존재했다는 것조차 알지 못했을 것입니다. 이러한 성인들의 정신 속에 들어온 하나님의 계시들은 그 한 사람에게 감명을 준 후에 시야에서 사라져 역사와 온 인류에게서 사라졌을 것입니다.

그러나 이런 일은 일어나지 않았습니다. 오히려, 위대한 기도의 사람들 중 다수는 어떻게 해서인지 자신이 경험한 것의 흔적을 어느 정도 보존할 수 있는 형태로 기록해 두었습니다. 이처럼 경험을 나누고픈 욕구가 무척 컸기 때문에(앞으로 살펴보겠지만, 이것은 단순히 사람들만의 갈망이 아니라 하나님의 갈망이기도 합니다), 사막 교부들과 같은 신비가들이 기록하기를 거부했을 때에는 다른 사람이 그들을 대신하여 기록했습니다.

앞에서 하나님의 말씀인 성경과 관련된 단어들의 능력을

지적했고, 그룹 안에서 경험들을 나누는 것과 관련하여 구어(口語)의 능력을 강조한 바 있습니다. 일지쓰기를 실천할 때에, 우리는 하나님께서 우리로 하여금 듣고 알게 하시려는 것을 우리 자신 및 다른 사람들에게 전하려 하면서 이 두 개의 세계—하나님의 말씀의 세계와 우리의 말의 세계—를 잇습니다.

기도로서의 일지쓰기

낱말에는 엄청난 능력이 담겨 있습니다. 낱말들은 인식할 수 없고 형태가 없는 것들을 구체화하여 인식할 수 있는 것으로 만들어 줍니다. 하나의 낱말은 강력한 감정을 전달할 수 있습니다; 일련의 단어들은 복합적인 사상을 전달할 수 있습니다; 한 쪽의 글이나 한 편의 짧은 시는 하나님의 사랑을 전달할 수 있습니다. 그러므로, 일지쓰기는 하나의 기도 방법으로서 독립하여 존재할 뿐만 아니라, 이 책에서 다루어진 방법들 중 어느 것과도 결합될 수 있는 방법입니다.

우리는 일지쓰기를 통해서 거룩한 독서의 경험이나 규문을 실천하면서 얻은 분별을 나눌 수 있습니다. 침묵 기도의 깊이를 측량할 수 있고, 창조력에 대한 글을 쓸 수도 있습니다. 마지막으로, 일지쓰기는 두 가지 본질적인 기도의 기술―듣기와 주목하기―을 계발하기 때문에, 하나님을 만나는 독자적인 방법으로 존재합니다. 우리는 거룩하신 분에 대한 자신의 경험을 기록하려고 노력하면서, 하나님이 말씀하시는 장소인 침묵 속에 들어갑니다. 열심히 귀를 기울이기 때문에, 우리는 자신의 것이 아닌 음성을 인식할 수 있게 되며 그 때에 종이(또는 컴퓨터 화면) 위에 기록된 단어들을 발언하게 될 수도 있습니다.

줄리안과 함께 일지쓰기

이 장에서 우리와 함께 여행할 여인의 주된 갈망은 하나님이 말씀하신 것의 핵심을 파악하는 것이었습니다. 노리지의 줄리안(Julian of Norwich)은 일생의 후반부를 방 두 개짜리 수실, 잉글랜드의 노리지에 있는 교회 부속의 작은 아파트에서 살았습니다.

1373년 5월 8일, 줄리안은 병이 들었고, 몰아적인 여행(하나님에 대한 환상들과 관련된 황홀경과 비슷한 정신 상태)을 시작했는데, 그 결과는 하나님의 본성에 대한 16개의 강력한 환상이었습니다. 줄리안은 자신을 "글을 알지 못하는 무식한 피조물"이라고 묘사하지만(*Revelation of Love*, 4), 그 후 20년 동안 이러한 환상들에 대해 기록하고 묵상하면서 지냈습니다. 결국, 그녀의 저술들은 『사랑의 계시』

(*Revelation of Love*)라고 불리는 책으로 편찬되었는데, 이 책은 신비 전통의 고전에 속합니다. 줄리안은 이 책에서 하나님 및 자신의 하나님 체험에 대해 놀라운 것들을 드러내 주며, 동시에 우리로 하여금 일지를 기록하는 습관의 본질과 가치를 이해하도록 도와 줍니다. 그녀에게 환상들이 주어지는 일이 끝난 후, 그녀는 글을 쓰고 묵상하는 일을 통해서 자신이 본 것들을 이해할 수 있었습니다.

기도로서의 일지쓰기를 이해하려면, 그것의 실제 과정을 논하기 전에 몇 가지 문제들에 대해 분명히 설명해야 합니다. 어떤 면에서, 이 문제들은 이 책 전체에서 계속 제기되는 것들이지만, 우리가 하나님에 대한 자신의 경험에 대해 기록하려 할 때에 그것들의 관련성이 증가합니다. 줄리안은 다음과 같이 말합니다:

> 하나님은 은혜로우신 사랑에 의해서, 그리고 그의 무한한 선하심 때문에, 그것(줄리안이 본 하나님의 사랑의 계시)을 모든 사람에게 나타내어 우리 모두에게 위로가 되기를 원하셨습니다. 그러므로, 예수께서 친히 그것을 여러분 모두에게 보여주실 때처럼 기쁘고 즐겁게 그것을 여러분이 받아들일 것을 하나님은 원하십니다.(『사랑의 계시』 18)

우리가 자리에 앉아서 일지를 기록하려 할 때, 우선적으로 떠오르는 생각은 '하나님의 말씀은 이미 성경에 기록되어 있지 않으냐? 내가 어떻게 하나님의 말씀이 될 것을 기록할 수 있단 말이냐?'입니다. 위에 기록된 줄리안의 말에서, 우리는 그러한 염려에 대한 치료법과 이러한 질문들에 대한 대답들을 발견합니다. 우리는 그녀의 글을 통해서 그녀가 분명히 본 두 가지를 알게 됩니다. 첫째는 하나님은 살아계신 현존이시며 우리는 지금 그분과 적극적인 관계를 유지하고 있다는 것입니다. 둘째는 하나님은 우리에게 말씀하고 싶어 하신다는 것입니다. 이미 첫째 사실을 편안하게 느끼고 있다고 해도, 둘째 사실을 완전히 의식하는 일은 극히 드뭅니다.

줄리안은 "우리 주님은 우리가 이해하기를 원하신다"는 것을 발견합니다(『사랑의 계시』 82). 하나님은 우리를 향한 사랑에 대한 지식을 우리에게 주입해 주시기를 갈망하십니다. 하나님은 우리에게 주려 하시는 바 모든 것을 포용하는 은혜와 돌보심에 관한 말을 줄리안의 마음과 정신에 채워 주셨습니다.

> 나(하나님)는 네 탐구의 근거이다: 먼저 나는 네가 그것을 소유하기를 원하며, 그 다음에는 너로 하여금 그것을 원하게 만든다; 이제 내가 너로 하여금 그것을 찾

게 만들고 그 다음에 네가 그것을 찾게 되는데, 그렇다면 어찌 네가 찾는 분을 네가 소유하지 못하겠느냐? (『사랑의 계시』 79-80)

줄리안은 이 말을 듣고 기록하면서 마음으로 참된 의미를 확인했습니다.

우리에게 말씀하려 하시는 하나님의 소원의 직접성은 불가능한 것처럼 보일 수 있습니다. '모든 창조의 하나님이 어찌 직접 나에게 말씀하기를 원하시거나 말씀하실 수 있겠는가?' 그러한 하나님은 분명히 멀리 계시는 분, 냉담한 부모나 거만한 통치자이십니다.

가까이 오시는 하나님

하나님의 직접성에 대한 믿기 어려운 기적이 강력하게 나에게 임한 적이 있습니다. 인도에 있을 때, 나는 아내와 함께 버스를 탔습니다. 그것은 서방 세계 사람들로서는 이해하기 어려운 경험이었습니다. 버스 안에서 사람들의 무릎에 한두 명이 앉아서 가기도 합니다. 보통 숨쉬기가 어렵고, 편안함은 생각하기도 어렵습니다. 나는 버스를 타고 가다가 버스 창문에 몸을 부딪쳤습니다. 나는 피곤했고 조금 몸이 아팠습니다. 그리고 버스 안의 현실을 회피하려고, 나는 창밖을 뚫어지게 응시하고 있었습니다.

한 마을을 지나갈 때, 내 눈 앞에는 빽빽이 모인 많은 사람들과 짐승들과 집들이 전개 되었습니다. 그것은 전형적인 인도의 풍경이었습니다. 인도에 도착한 이후로 거듭 나를 놀라게 한 것은 많은 사람들이었습니다. 비교적 작은 도시에도 도처에 엄청나게 많은 사람들이 있었습니다.

그 때, 머릿속의 흐릿한 안개를 뚫고 다음과 같은 분명한 생각이 마치 섬광처럼 떠올랐습니다: '하나님은 이 사람들 모두를 알고 계시다, 정말로 그들을 아시며 그들의 생각과 감정, 그들의 소원과 역사를 아신다.' 그것은 불가능한 일처럼 보였지만, 그 순간에 나는 그것이 참이라는 것을 알았습니다. 나도 줄리안처럼 하나님의 정신과 사랑의 규모에 놀라고 있었습니다. 또 나도 줄리안처럼 내 생각들의 말을 통해서 하나님에 대한 이 놀라운 진리를 알았습니다. 이 말들은 여러 해 동안 계속 나와 함께 있었기 때문에 나는 이것을 이용해서 기도하고 묵상할 수 있었으며, 지금도 이 말을 사용하여 이야기를 하고 있습니다.

그러나 우리에게 말씀하시려고 가까이 오시는 하나님이라는 개념은 모든 사람에게 유쾌한 것은 아닙니다. 많은 사람들은 하나님과 거리를 두려 합니다. 우리가 머릿속에서 듣는 말과 음성들이 항상 즐겁고 사랑스러운 것은 아닙니다. 그것들은 때로는 거칠고 우리를 징벌하기도 합니다. 종종 하나님의 이미지는 부모님이나 권위 있는 인물들의 이미지로 형성되어, 판단하고 진노하는 인물, 우리에게 정죄의 말을 하는 사람의 이미지일 수도 있습니다. 우리는 하나님이 너무 가까이 오시는 것을 원하지 않을 것입니다.

이러한 염려들은 나로 하여금 기도 생활 안에 있는 또 하나의 중요한 문제를 대면하게 합니다: 하나님을 믿는 것, 그리고 교회에서 종종 이야기하지만 자신의 삶 속에서 받지 못했을 수도 있는바 우리가 직접 사랑과 용서를 알 수 있다고 믿는 것의 중요성. 우리가 하나님과 친밀하게 되려면, 하나님을 신뢰할 수 있다는 의식이 있어야 합니다. 만일 하나님에 대한 우리의 이미지가 위에서 언급한 것처럼 부정적인 이미지라면, 이렇게 신뢰하기가 쉽지 않습니다.

우리는 하나님이 직접 우리에게 말씀하시는 것을 경험하지 못했거나, 아니면 하나님은 특별한 사람이나 인정받은 거룩한 사람에게만 말씀하신다고 배웠기 때문에, 하나님이 정말로 우리에게 직접 말씀하실 수 있다는 것을 이해하지 못할 수도 있습니다. 이러한 생각들과 느낌들은 지극히 자연스러운 것이며, 그렇기 때문에 우리의 역사적인 친구들이 특별히 귀중합니다. 줄리안도 의심하고 확신하지 못했습니다. 그녀는 "우리의 신뢰가 완전하지 못할 때", 그리고 우리가 기도하면서 "공허하게 느끼는 때"가 많다는 것을 알았습니다. 그러나 그녀는 환상 속에서 "어떤 종류의 중개자도 없이 나에게 보여주신 분"이 하나님이시라는 것, 그리고 하나님이 보여주신 것은 아름답고 놀라운 것이었다는 확신을 이야기합니다(『사랑의 계시』 79, 7).

줄리안은 우리보다 먼저 산꼭대기에 다녀왔습니다. 그리고 모세처럼 우리를 향한 하나님의 은혜로우신 소원들을 확신해주는 글들을 가져왔습니다. 우리는 하나님께서 주시려는 말을 찾을 때에, 그녀의 말을 의지할 수 있습니다. 우리는 자신의 어두운 장소에 들어갈 때에 그녀의 이해를 등불로 삼으며, 우리 자신의 경험의 도전을 하는 동안에 자신을 지탱하기 위해서 그녀의 경험을 이용할 수 있습니다.

일지쓰기의 두 가지 방법

일종의 기도로서 일지를 기록하는 데에는 여러 가지 방법이 있습니다. 당신에게 적합한 방법을 찾는 것은 당신의 여정의 일부일 것입니다. 그 일의 시작을 돕기 위해서, 내가 발견한 두 가지 소중한 방법에 대해 묘사하려 합니다. 첫째는 단순히 일지를 기록하는 과정이고, 둘째는 하나님과 대화하는 과정입니다.

글을 쓰는 것은 일반적인 창조력의 범주에 속하므로, 앞

장에서 묘사한 장애물들 중 몇 가지를 통과해야 할 수도 있습니다. 당신은 자신이 "작가"가 아니라고, 글을 쓰는 데 능숙하지 못하다거나 글을 쓰지 못한다고 느낄 수도 있습니다. 침묵하면서, 이러한 염려와 관련하여 하나님께 도움을 청하십시오. 근심으로부터 해방되게 해달라고 기도하십시오: 공연이나 출판을 위해서 글을 쓰는 것이 아니라 일종의 기도로서 쓴다는 것, 서로를 알고 싶어 하는 두 존재 사이의 대화를 쓴다는 것을 이해할 수 있도록 도와달라고 부탁하십시오. 당신에게 말씀하시려는 하나님의 소원을 깨닫게 해달라고 부탁하십시오.

첫 단계는 기본적인 일지쓰기의 형태입니다. 그러나 초점은 단순히 하루 동안 발생한 사건들에 있는 것이 아니라 당신과 하나님 사이의 관계에 있습니다. 기록할 특별한 일지를 구입해도 좋고, 컴퓨터에 입력할 수도 있습니다. 먼저, 당신의 삶에서 하나님의 음성을 들으려는 당신의 의도를 하나님께 말씀드리십시오. 그 다음에는 하나님과 관련된 당신의 생각과 느낌들을 적기 시작하십시오. 날마다 쓸 수도 있고, 일주일마다 쓸 수도 있고, 당신이 원할 때마다 쓸 수도 있습니다.

처음에는 영적 독서나 규문의 결과를 기록할 수도 있습니다. 하루를 지내는 동안에 떠오른 무작위의 생각들에 주목할 수도 있습니다. 마음의 소원이나 해결되지 않는 질문들을 기록할 수도 있습니다. 무엇을 기록해야 할지 알지 못한다는 것을 기록할 수도 있을 것입니다. 이것은 하나님이 주도하시는 대화이므로, 당신이 어디에서부터 시작하든지 문제가 되지 않습니다.

다음 단계는 경청(listening)입니다. 몇 가지 응답을 기다리십시오. 일지쓰기를 위해 떼어놓은 시간에 경청할 수도 있고, 하루 일과를 진행하면서 경청할 수도 있습니다. 여기에서 중요한 것은 하나님이 당신에게 무엇을 말씀하실 것인지, 또는 하나님의 응답을 어떻게 분별할 것인지 미리 짐작하지 말아야 한다는 것입니다. 그것이 당신 자신의 말처럼 느껴질 수도 있고, 질문일 수도 있고, 순수한 침묵의 소리일 수도 있습니다. 어떤 응답이든지, 또는 응답이 없어도, 그것을 일지에 기록하십시오. 중요한 것은 대화를 시작하는 것, 그리고 실제로 대화가 발생하고 있다는 믿음을 갖는 것입니다. 이따금 하나님의 음성을 들으려는 당신의 의도를 당신 자신 및 하나님께 상기시키며, 당신을 지으신 분과 대화하십시오.

만일 지금까지 이와 비슷한 일을 해본 적이 없다면, 일지를 쓴다는 것이 어리석게 보일 수도 있으며, 처음에는 전혀 효과가 없는 것처럼 느낄 수도 있습니다. 그러나 인내하면서 계속 일지를 기록하십시오. 줄리안은 20년 동안에 단 한 권의 책을 기록했다는 것을 기억하십시오. 시간이 흐르면, 당신은 자신에게 대화의 동반자가 있다는 것을 깨닫기 시작할 것입니다. 또 다른 음성, 당신의 음성이 아닌 음성이 있습니다. 예수께서 당신과 함께 계시면서 성령의 충만 안에서 의사소통을 하십니다.

만일 이처럼 제한이 없는 일지쓰기가 너무 애매하다고 생각한다면, 기록된 기도문이라는 두 번째 방법이 보다 설득력이 있을 수도 있습니다. 이 방법은 하나님과의 대화를 위한 특별한 형식을 제공해 줍니다. 한 장의 종이에 세로로 선을 그어 두 칸으로 나누십시오. 왼쪽 면에는 당신의 생각과 견해를 기록하고, 오른쪽 면에는 하나님의 것을 기록하십시오. 당신은 당신 자신의 것과 하나님의 것을 기록하는 서기(書記)입니다. 당신이 하나님께 가져가기를 원하는 생각이나 질문이나 소원이나 견해를 가지고 대화를 시작하십시오. 그것을 당신의 면(왼쪽 면)에 적으십시오. 그 다음에 하나님의 대답을 경청하고, 그것을 하나님의 면(오른쪽 면)에 적으십시오.

나는 다양한 환경에서 많은 사람들과 함께 이것을 실천해 보았기 때문에, 지금 당신이 지을 표정을 생각하면 미소를 짓게 됩니다. 이것은 얼빠진 짓처럼 보일 것입니다. 어떻게 당신이 하나님이 말씀하시는 것을 기록할 수 있겠습니까? 이것이 뉴에이지 운동과 연결된 속임수입니까? 단순하게 이것을 실천하십시오. 사람들은 기도 시간을 시작할 때에는 모두가 우스운 표정을 짓지만, 종이에 기록된 대화로 기도를 마치고 돌아올 때에는 모두 놀라운 표정을 짓습니다. 우리가 줄리안의 글을 진지하게 받아들인다면, 이것은 놀랄 일이 아닙니다. 하나님은 우리에게 말씀하기를 원하십니다. 하나님은 어떤 때는 많은 말씀을 하시고, 어떤 때는 몇 마디만 하십니다. 어쨌든 이 방법은 놀라운 효과를 나타냅니다.

사람들은 뜻을 하나님에게로 향하고서 경청하고 침묵하는 태도로 기록할 때에, 그들 자신의 너머에서부터 오는 것처럼 보이는 대답을 듣습니다. 줄리안은 대화 중에 인도함을 받은 것에 대해 묘사합니다: "그 때 우리 주님은 나의 정신을 전에 내가 그분을 향해 지녔던 갈망에게로 데려 가셨습니다"(『사랑의 계시』 54). 우리는 자신을 하나님의 뜻에 맡길 때에 하나님이 말씀하고자 하시는 것을 들을 수 있습니다.

그룹으로 행하는 일지쓰기의 가치

어떤 사람은 "그렇지만, 말씀하시는 분이 하나님이라는

것을 어떻게 알 수 있습니까?"라고 소리칠 것입니다. 이 중요한 질문은 하나의 그룹과 함께 일지를 쓰는 것의 가치를 지적해주며, 분별이라는 문제도 언급합니다.

어느 청년 지도자가 자신이 한 그룹에서 몇 가지 방법의 기도를 시도했던 일에 대해 이야기했습니다. 청년들은 기도 시간을 좋아했고, 모든 것이 순조롭게 진행되는 것 같았습니다. 그런데, 한 번은 한 청년이 자신이 놀라운 기도 시간을 경험했는데, 그 시간에 하나님께서 그가 원하는 여자들 모두와 성적인 관계를 가져도 된다고 말씀하셨다고 발표했습니다. 그 지도자는 기도 훈련의 경험이 많지 않았기 때문에 거의 죽을 지경이 되었습니다.

우리의 정신을 다루기가 어렵다는 것, 그리고 우리는 자신을 속일 수 있는 거의 무한한 능력을 소유하고 있다는 것을 기억해야 합니다. 하나님이 나타나셔서 우리에게 말씀하시지만, 우리는 어두운 동굴 속에서 미친 『호빗』(*The Hobbit*)에 등장하는 골룸(Gollum)처럼 우리 자신의 세계에 몰입하여 특별히 누구를 대상으로 하지 않고 중얼거립니다. 그 모임에서 발표한 청년은 하나님의 음성을 들은 것이 아니라 자신의 음성을 들은 것입니다.

그룹 차원의 일지쓰기의 가치는 반응을 얻는 데 있습니다. 우리는 소리 내어 발음한 자신의 음성을 들으면서 다시

한 번 우리 자신의 음성을 경청하며 자신이 조금이라도 이해하고 있는지 알 수 있습니다. 규문을 행할 때와 마찬가지로, 하나님과의 대화에 분별의 규칙들을 적용해야 합니다. 만일 일지를 쓰는 일이 우리를 평화, 자기 자신과 이웃에 대한 사랑, 의와 선 등으로 인도해준다면, 우리가 참된 기도를 하고 있다는 확신이 증가할 것입니다. 만일 우리의 대화가 우리를 자기중심으로 이끌어가며 성령의 열매로부터 멀어지게 만든다면, 우리에게는 현실을 점검하고 자신을 재정립하기 위한 도움이 필요합니다.

하나의 그룹은 회원들에게 이와 같은 안내를 제공할 수 있습니다. 그러므로, 그룹이라는 환경에서는 하나님과의 대화 훈련 시간을 배정하고 그 다음에 함께 묵상하고 기록된 대화들을 나누는 시간을 가질 수 있습니다. 비록 나눔의 시간에는 반응하는 것이 제한되지만, 만일 위에서 말한 것과 같은 중요한 문제가 발생한다면, 지도자는 그룹 전체를 가르치거나, 특정인과의 사적인 시간을 갖도록 계획할 수 있습니다.

기도 벽

창조력에 대한 논의를 마치기 전에, 그룹에서 시각적인 창조 예술과 글을 쓰는 방법을 결합할 수 있는 방법에 대해 묘사하려 합니다. 기도 벽(wall of prayer)을 만들려면, 커다란 종이가 필요합니다. 그리고 여러 가지 시각 미술 도구들—펜, 마커, 물감, 크레용 등—을 사용할 수 있습니다.

회원들은 모여서 종이에 특별한 주제나 문제에 관해 그리거나 쓰거나 낙서를 합니다. 성경을 묵상하거나, 자기 교회에 대한 문제에 대답하거나, 서로 관심이 있는 주제에 대한 의견을 나눕니다. 종이의 한 쪽에서 활동을 마치면, 다른 쪽에서 다시 활동을 합니다. 몇 번 돌아가면서 활동하면, 그룹 전체의 기도의 윤곽이 드러납니다. 기도 벽은 다음번 그룹 묵상과 논의의 대상으로 사용될 수 있습니다.

"정신적인 기도 방법"에 대한 논의를 마치면서, 이제 당신의 정신이 광대한 공간이라는 것을 인식하기 시작했기를 바랍니다. 또 하나님은 그 공간을 하나님의 사랑의 영광으로 채우려 하신다는 것을 당신이 알게 되기를 바랍니다. 기도는 이 변화의 과정을 시작하며, 하나님은 그것을 이루십니다. 다음은 하나님이 말씀하시고 줄리안이 기록한 것입니다:

나는 온갖 종류의 사물의 최고의 선이다.
나는 너로 사랑하게 만드는 자이다.
나는 너로 갈망하게 만드는 자이다.

나는 모든 참 갈망의 끝없는 성취이다.(『사랑의 계시』 131-32)

제8장

몸으로 드리는 기도 Body Prayer
몸과 영성생활

여행의 동반자: 아가서 & 아벨라르와 엘로이즈

하나님은 육체에서 이탈한 영들을
만드시지 않았습니다. 우리는 대기 밖에서
정신감응적 생각들에 의해 서로 교제하면서
떠돌지 않습니다. 우리는 땅의 흙으로 만들어진
물질적인 몸으로 형성되었습니다.

나는 나의 사랑하는 자에게 속하였구나
그가 나를 사모하는구나
나의 사랑하는 자야 우리가 함께 들로 가서 동네에서
유숙하자
우리가 일찍 일어나서 포도원으로 가서 포도 움이
돋았는지, 꽃술이 퍼졌는지, 석류꽃이 피었는지 보자
거기서 내가 나의 사랑을 네게 주리라.(아가서 7:10-12)

우리들은 대체로 홀로 동굴 속에서 침묵 기도를 행하고 있는 거룩한 사람이라는 개념에 익숙할 것입니다. 이것은 친밀하고 인정할 수 있고 안심시켜주는 이미지입니다.

반면에, 들에 나가 있는 두 연인의 행동을 관상기도로 인정하는 것은 쉽지 않습니다. 실제로, 대부분의 기독교인들은 이 두 가지 행동, 즉 사랑과 관상기도를 결합하는 것을 엄청난 이단으로 여길 수도 있을 것입니다. 그러나 성경에서는 이 두 가지를 결합합니다. 수세기 동안 하나님과의 몰아적 연합(우리의 정신이 하나님의 정신과 완전히 연결되었을 때에 경험하는 정신 상태)에 관한 설교로 인정되어 온 아가서는 이러한 영적 경험을 묘사하기 위해서 연인들이라는 비유를 사용합니다.

이 장에서는, 주로 정신적인 기도 방법에 대해서는 언급하지 않고, 물질세계에 대해 탐구하려 합니다. 이처럼 밖을 향해 움직이는 과정은 12장까지 계속될 것입니다. 8-12장에서는 우리의 존재 전체 및 주위 세상에 대한 모든 관계들—자연과의 관계, 우리의 생활방식과의 관계, 공동체 안에 존재하는 우리들 서로의 관계—을 포함하는 기도 방법들을 제시할 것입니다. 이 부분을 정신적인 기도 다음에 다루는 것은 다음과 같은 한 가지 이유 때문입니다. 즉, 여기에서 묘사되는 기도 방법들은 실천하기가 더 어렵고, 이전 단계의 방법들의 실천을 통해서 준비를 갖추어야 하기 때문입니다.

아마 이 책 앞 부분에서 다룬 기도 활동들이 친숙하지 않은 것들이며 심지어 완전히 생소한 것일 수도 있기 때문에, 그것들을 준비 단계로서 실천해야 한다는 것은 놀라운 말일 수도 있습니다. 당신은 "나는 항상 자연 안에서 걸어다니고 숨을 쉽니다. 그것은 하나의 구절로 거듭 찬양하거나 하나님의 생각들을 기록하는 것보다 한층 쉬울 것입니다"라고 말할 수도 있을 것입니다. 그러나 다음과 같은 문제가 있습니다: 우리는 자신에게 친숙한 활동에 접근할 때에는 마치 항상 그 활동을 해왔던 것처럼 행동하는 경향이 있습니다. 우리는 항상 걷고 숨 쉬고 먹고 일하고 하늘을 바라보지만, 일반적으로 그러한 행동을 재고하지 않습니다. 분명히 관상기도나 묵상하는 태도로 그러한 행동에 접근하지 않습니다.

우리는 하나님과 함께 하는 삶을 사는 사람의 이미지로 은둔자를 생각하기 쉽습니다. 그 사람은 우리가 기도라고 생각하는 비밀스러운 방법을 수행하고 있습니다. 8-12장에서는 수실에 앉아 있는 수도사의 자세를 일상적인 활동들에게 적용하려 합니다.

몸에 대한 부정적인 태도들

이 단계에서, 먼저 우리의 믿음에서 가장 어렵고 논란이 되는 주제들 중 하나인 몸에 대해 다루려 합니다. 이것이 왜 어려운 주제일까요? 왜냐하면, 수세기 동안 교회는 몸이 모든 악의 소재지라는 태도를 취해왔기 때문입니다. 신자들은 믿음을 위해서 몸을 거부하고 무시하고, 심지어는 자기 몸의 일부를 절단하기도 했습니다. 이와 같이 몸을 거부하는 태도가 우리의 무의식 안에 우리의 성육된(즉 우리가 몸을 소유하고 있다는 사실) 존재에 대한 수치심과 치욕감으로 자리 잡고 있습니다.

이 딜레마를 시초에 바로잡아야 한다고 생각합니다. 그렇게 하지 않으면, 몸 기도(body prayer)에 대한 나의 말은 몸에 대한 부정적 태도의 공격을 받을 것입니다. 만일 우리가 자신의 몸을 미워하는 감정들을 품고 있다는 사실을 의심하는 사람이 있다면, 신문이나 TV 광고의 대부분이 우리의 몸을 변화시키거나 개선시키거나 왜곡하게 만들 제품에 초점을 두고 있다는 사실에 주목하십시오. 또는, 식이요법, 성형외과, 또는 섭식 장애 치료 등에 엄청난 액수의 돈이 사용되고 있음에 주목하십시오. 또는, 교회, 직장, 가정 등과 관련된 성적인 스캔들이 크게 증가하고 있음을 보십시오. 우리는 어디에서든지 감당할 수 없는 현실에 직면하며, 하나님께서 우리의 마음과 정신의 거처로 지으신 성전에 어떻게 적용해야 할지를 알지 못합니다.

이것들은 기도와 어떤 관계가 있습니까? 기도란 실제로 존재하는 것을 경청하고 주목하는 것, 진리를 의식하는 것에 관한 것입니다. 그렇다면, 세상에서의 우리의 상태에 대한 진리, 위에서 묘사된 부정의 구름을 통해서 분별해야 하는 진리는 무엇입니까?

하나님은 인간을 육체와 분리된 영들로 지으신 것이 아닙니다. 우리는 정신감응적 생각들에 의해서 교제하면서 대기 밖을 떠돌아다니지 않습니다. 우리는 흙에서 유래된 유형적인 몸으로 지음을 받았습니다. 이것이 바로 하나님이 행하신 것이며 아기가 잉태될 때마다 거듭 행하시는 일입니다. 더욱이, 우리는 아메바나 버섯처럼 무성생식을 하는 존재들이 아닙니다. 우리는 지상에 존재하는 대다수의 피조물들처럼 성적인 몸으로 존재합니다. 하나님이 그렇게 만드셨습니다.

그러므로, 우리가 마음과 정신을 가지고 하나님께 접근할 수 있듯이, 몸을 가지고 몸을 통해서 하나님께 접근할 수 있습니다. 이는 우리가 몸을 통해서 아름다움과 사랑과 기쁨과 평화를 보고 경험할 수 있기 때문입니다. 우리는 기도 속으로 보다 깊이 들어갈 때에 마음속에서 타오르는 신적인 불의 엑스타시를 몸을 통해서 알게 됩니다. 우리 가운데 거하시고 우리를 치유해 주시며 우리를 도와 하나님을 알게 하시려고 몸으로 오신 분을 우리는 몸을 통해서 만납니다.

특별한 여행의 동반자들

앞에서 이미 논의했던 문제, 즉 몸에 대한 교회의 부정적인 견해 때문에, 이 단계의 여정에서 우리를 도와줄 역사적인 인물들을 발견하기는 쉽지 않습니다. 안타깝게도 믿음의 성인들은 대체로 어떻게 해서인지 그들의 몸이 나쁘다는 개념에 동의했습니다. 그러므로, 이 장에서 약간 다른 접근방법이 필요합니다.

나는 여행의 동반자를 찾기 위해서 아가서, 그리고 기독교 역사상 유명한 연인들인 아벨라르(Aberald)와 엘로이즈

(Heloise)를 의지합니다. 이들의 강력한 사랑은 아가서에 묘사된 사랑을 반영합니다. 그러나 그들의 문화권에 팽배한 몸에 대한 부정적인 견해들 때문에, 이 사랑은 거룩한 사랑의 반영이 아니라 악의 반영으로 간주되었으며, 결국 그들은 비극적인 종말을 맞았습니다. 몸으로 구현된 기도(incarnated prayer)의 세계로 들어갈 때에, 이러한 자료들이 유익할 것입니다.

우리의 몸은 믿을 수 없을 정도로 강합니다. 우리의 몸은 우리를 압도하는 감정들과 생각들과 느낌들을 일으킬 수 있습니다. 이 능력은 몸이 부정되어온 이유를 설명해줄 수도 있습니다. 우리는 자신이 항상 통제할 수 없는 것의 지배를 받는다는 애매한 의식을 가지고 있습니다.

아가서는 궁극적인 사랑의 관계, 창조주와 피조물 사이의 관계의 힘을 예증하기 위해서 몸의 능력을 사용합니다. 신부는 "마음에 사랑하는 자를 찾습니다"(아 3:1). 갈망이 컸기 때문에 그녀는 침상에서 일어나 "성중으로 두루 다니며" 찾았습니다(아 3:2). 여기에서 묘사된 갈망과 사랑은 인간의 몸의 아름다움, 모든 피조물의 아름다움을 반영하는 아름다움에 의해 불이 붙었습니다: "나의 사랑하는 자는 내 품 가운데 몰약 향낭이요 나의 사랑하는 자는 내게 엔게디 포도원의 고벨화 송이로구나"(아 1:13-14).

만일 우리가 잠시 몸에 대한 부정적인 편견들을 내려놓을 수 있다면, 아가서의 저자가 육적인 경험의 힘을 표현함으로써 신적인 사랑의 힘을 전하고 있다는 것을 알 수 있습니다. 그러므로, 이러한 강력한 느낌들을 거부하기보다는, 그것들이 실질적으로 기도할 수 있는 기회들이라는 사실을 인정할 필요가 있습니다.

엘로이즈와 아벨라르

엘로이즈와 아벨라르는 12세기에 살았던 사람들로서 파리에서 만났습니다. 아벨라르는 앞날이 촉망되는 총명한 신학자였고, 엘로이즈는 부유한 프랑스 귀족의 조카였습니다. 아벨라르는 엘로이즈를 사랑하게 되었습니다. 아벨라르가 엘로이즈의 삼촌의 신임을 얻어 엘로이즈의 가정교사로 입주한 후에, 두 사람의 연애행각이 시작되었고 결국 엘로이즈는 임신했습니다. 두 사람은 자기들의 관계를 비밀로 하려 했지만, 엘로이즈의 삼촌은 그들의 비밀 결혼에 대해 이야기하기 시작했습니다. 엘로이즈는 가족들을 비난했고, 아벨라르는 그녀를 수녀원에서 살게 했습니다. 이에 격노한 그녀의 삼촌은 사람들을 시켜서 아벨라르를 거세했습니다. 후에 아벨라르는 수도사가 되었습니다. 두 사람의 관계에 대해서 우리가 알고 있는 것은 대체로 두 사람이 헤어진 후에 주고받은 편지를 토대로 한 것들입니다.

엘로이즈와 아벨라르는 편지에서 서로에 대한 자신의 감정을 묘사하기 위해서 아가서를 언급합니다. 그러나 그들은 자기들의 감정을 거룩한 사랑의 반영으로 보지 않고 죄악된 정욕의 감정들로 여깁니다. 엘로이즈는 다음과 같이 편지합니다:

> 나는 우리가 연인들로서 나눈 쾌락들을…생각에서 몰아낼 수 없습니다…순수하게 기도해야 하는 미사를 드리면서도, 그러한 쾌락과 관련된 음란한 환상들이 내 불쌍한 영혼을 사로잡기 때문에 내 생각들은 기도에 집중되지 않고 방탕함에 집중됩니다.(*Letters of Abelard and Heloise*, 133)

우리의 몸을 아가서에서처럼 신적인 것에 대한 지식을 얻는 도구로 본다면 어찌될까요? 우리가 기도할 때에 몸의 힘을 신봉한다면 어찌될까요? 우리가 묵상하면서 육체적 존재에 주의를 집중한다면 어찌될까요? 몸의 죄는 대체로 몸의 고유한 힘에서 유래되는 것이 아니라 우리의 느낌들을 무시하거나 억제하고서 무의식적으로 부정적으로 행동하는데서 기인한다고 생각됩니다.

가정 폭력이라는 비극은 지금 묘사하고 있는 것을 예증

해 줍니다. (가정 폭력의 90% 이상의 경우) 남자들은 여성들의 감정이나 몸에 접촉하지 못하기 때문에 몸을 사용하여 여성들에게 폭력을 가합니다. 폭력을 행하는 사람들을 치유하기 위한 어느 프로그램에서, 남자들은 자신의 폭력을 해결하는 방법은 자신의 몸, 자신의 감정, 여러 가지 상황에서 나타내는 자신의 반응에 주의를 기울이는 것임을 배웁니다. 격한 감정을 완화시키고, 자신을 배려하고 사랑하는 느낌과 경험으로 그것들을 대치하는 방법을 배웁니다. 종교적으로 표현하자면, 그들은 하나님의 사랑을 경험하기 위해서 자신의 몸을 사용하는 방법을 배웁니다.

몸으로 드리는 기도에서는 앞에서 다룬 기도 방법들에서의 생각들과 관련하여 취한 태도를 우리의 몸에 대해 취합니다. 이 기도는 듣고 주목하고 고요히 지켜보는 것과 관련됩니다. 이 침묵의 공간에서, 몸은 하나의 성전처럼 됩니다. 우리는 기도하면서 느낌들 속으로 들어가며, 우리의 느낌들을 기도로 보기 시작합니다. 앞에서 다룬 기도 방법들과 마찬가지로, 이 기도에도 어떤 형식을 갖추는 것이 도움이 되므로, 몸으로 드리는 특수한 기도 방법들에 대해 논의하려 합니다.

기도로서의 호흡

호흡을 포함하여 몸으로 드리는 기도 방법들도 다른 방법들과 마찬가지로 경청하는 것에서부터 시작됩니다. 이 기도를 시작하면서 자신이 어떻게 느끼는지에 주목하십시오: 당신은 몸에 주목하면서 무엇을 경험합니까? 당신은 어떤 의도로 기도를 시작합니까? 당신이 예수기도나 침묵기도를 시작할 때에 당신의 정신의 완전한 내용을 만나듯이, 몸으로 드리는 기도를 시작할 때에 당신의 몸에 대한 태도와 느낌들을 만날 것입니다. 아마 당신은 자신의 몸을 부끄럽게 여기거나, 육적인 감정들은 악한 것이라고 생각할 수도 있습니다. 당신의 모든 아픔과 고통에 주목할 수도 있을 것입니다. 또는 대부분의 경우에 당신이 몸을 무시한다는 사실을 의식하게 될 것입니다. 당신 자신이 이러한 모든 생각이나 감정에 주목하는 것을 허락하는 것이 몸으로 드리는 기도의 필수 요소입니다.

아벨라르와 엘로이즈가 헤어진 후에 한층 더 서로를 그리워했던 것처럼, 우리가 자신의 몸을 무시할수록 몸은 우리의 관심을 요구할 것입니다. 질병이나 망상, 또는 건전하지 못한 행위는 우리의 몸이 관심을 필요로 한다는 신호일 수도 있습니다. 그러므로, 몸에 대한 느낌들을 하나님께 바침으로써 기도를 시작하십시오. 당신의 육체적 존재를 통해서 하나님의 사랑을 알고자 하는 당신의 의도를 하나님께 표현하십시오. 이렇게 당신의 의도를 하나님께 바치면서 당신의 몸과 정신을 연결하십시오. 당신의 몸 안에서 생명을 주는 에너지를 통해서 정신을 깨워달라고 하나님께 부탁하십시오. 아가서의 저자는 "내가 잘지라도 마음은 깨었는데 나의 사랑하는 자의 소리가 들리는구나"라고 말합니다(아 5:2). 이렇게 깨기를 원하는 당신의 의도를 하나님께 표현하는 것이 기도를 시작하기 위한 준비입니다.

호흡(breathing)은 기도의 초점으로서는 엉뚱한 것처럼 보일 것입니다. 대부분의 사람들의 호흡 방식은 하나님을 경험하는 일로 이어지지 않습니다. 우리는 종종 짧고 얕게 공기를 삼키면서 호흡을 제한합니다. 그러나 성경에서는 호흡을 하나님의 성령을 나타내는 근본적인 은유로 제시하며, 호흡의 특별한 중요성을 암시합니다. 하나님은 호흡을 통해서 생명을 주시며(창 2:7), 예수님은 호흡을 통해서 성령을 주십니다(요 20:22).

아가서에서는 바람이 중요한 역할을 합니다. 신부는 연인의 마음을 끌기 위해서 바람에게 호소합니다: "북풍아 일어나라 남풍아 오라 나의 동산에 불어서 향기를 날리라 나의 사랑하는 자가 그 동산에 들어가서 그 아름다운 실과 먹기를 원하노라"(아 4:16). 호흡하십시오. 그러면 하나님께서 오셔서 당신 안에 들어가실 것입니다.

기도로서의 호흡은 침묵 기도와 비슷하며, 우리는 항상 호흡하고 있기 때문에 언제라도 기도로서의 호흡을 할 수 있습니다. 그 방법은 간단합니다: 얼마 동안 당신이 어떻게 호흡하는지 주목하십시오. 고요한 장소에 바른 자세로 앉아서 호흡에 주목하십시오. 대부분의 사람들은 가슴으로만 호흡하지만, 단전으로 호흡하면서 횡격막이 완전히 확장되게 할 때에 가장 깊이 호흡할 수 있습니다. 위(胃)의 근육이 팽창할 때에 숨을 들이쉬고, 수축할 때에 내쉽니다. 어린아이를 지켜보면, 이 자연스러운 심호흡 활동을 볼 수 있을 것입니다. 얼마 동안 이러한 호흡을 실천하십시오. 처음에는 10-20분 정도 실천해도 좋습니다. 천천히 호흡하십시오. 빨리 호흡하면, 호흡 항진을 초래할 수 있습니다. 폐를 완전히 채웠다가 천천히 공기를 내보낸다는 느낌에 주목하십시오. 처음에는 이렇게 호흡하는 것이 어렵게 느껴질 것입니다. 생명의 영을 채워달라고 하나님께 부탁하십시오.

몇 분이 지나면, 당신은 정신이 깨어 있고 민첩해졌다는 것을 알 수 있을 것입니다. 또는 반대로 기진맥진하거나 고통을 느끼거나 치료를 필요로 한다고 느낄 수도 있습니다. 어쨌든, 이러한 느낌들은 당신 자신 및 신적인 것에 대한 당신의 관계에 대한 정보를 제공합니다.

부정의 기도를 할 때는(제4장), 한 단어에 집중하는 것이 당신의 삶 속에서 하나님의 임재를 드러내는 것을 도와줍니다. 호흡 기도를 할 때에도 호흡에 집중하는 것은 당신의 삶에서 하나님의 임재를 보다 완전히 경험하게 해줍니다. 왜냐하면 호흡하는 행동은 당신의 혈관 속을 달리는 성령에 주목하는 일을 시작할 수 있는 장소인 내면의 고요한 공간을 열어주기 때문입니다.

호흡 기도는 홀로 행하는 몸 기도 형태입니다. 호흡 기도를 그룹으로 행하면 어떨까요? 그룹에서 행할 수 있는 여러 종류의 몸 기도 방식이 있습니다. 그 중 하나를 살펴보면 다음과 같습니다.

몸으로 조각상을 만들어 표현하는 기도

몸으로 조각상을 만들어 표현하는 기도(body sculpture prayers)를 할 때에는, 성경에 대한 반응을 기도로 표현하기 위해서 몸을 사용합니다. 이것은 그룹 전체가 편안히 앉고서도 몸으로 조각상을 만들 수 있을 만큼 넓은 방에서 행하는 것이 좋습니다. 그룹 전체가 원한다면, 조각상들을 만들 공간에 제단을 설치해도 좋습니다.

지도자는 성경에서 본문을 선택하여 소리 내어 낭독하고, 회원들은 조용히 듣습니다. 그 다음에 지도자는 본문

중에서 한 단어를 택하여 두 번 소리 내어 읽습니다. 그 다음에는 조각상을 만들라는 부름을 받았다고 느끼는 사람이 앞으로 나가서 그 단어에 대한 반응을 표현하는 자세를 취합니다. 예를 들어, "기쁨"이라는 단어를 선택했다면, 기쁨의 느낌을 표현하는 자세로서 두 팔을 펴고 설 수 있을 것입니다.

회원들 중 몇 사람이 몸으로 조각상을 만들려 할 수도 있지만, 각각의 단어에 대해서 모든 회원들이 몸으로 표현할 필요는 없습니다. 몇 사람이 자세를 취하면, 그 단어에 대한 기도로서의 연출, 아름답고 생생한 하나의 장면이 만들어집니다.

원하는 사람들 모두가 몸으로 조각상을 만들었다고 생각되면, 지도자는 다시 그 단어를 읽어줍니다. 이것은 모두 제 자리로 돌아가야 한다는 신호입니다. 몇 개의 선택된 단어들을 가지고 이 과정을 반복합니다. 단어들을 모두 읽고 몸 조각을 만든 후에, 그룹 전체는 조용히 묵상한 후에 그 경험에 대해 잠시 토의해도 좋습니다.

이것은 거룩한 영적 독서(lectio divina)를 몸으로 행하는 것으로서, 우리의 몸을 사용하여 기도하면서 본문의 단어 속으로 들어가게 해줍니다. 우리는 조각을 만들어 거기서 형성되는 형태를 지켜볼 때에, 본문 안에서 하나님이 우리에게 하시는 말씀을 보고 듣기 시작합니다. 성경 안에 있는 많은 의미의 층이 문자 그대로 우리 눈앞에서 소생하여 활기를 띱니다. 몸으로 조각을 만드는 것은 말씀을 구체화하는 경험을 제공합니다. 이러한 하나님의 단어들은 우리의 몸 안에서 어떻게 느껴집니까? 그 단어들에 대해 하나님께서 우리에게 요구하시는 반응은 어떤 것입니까? 우리의 기도가 육체적인 형태를 취할 때에, 우리는 존재 전체를 가지고 하나님을 알기 시작합니다.

거룩하신 분의 도구들

우리 몸을 거룩한 것을 위한 도구로 경험하는 일은 몸에 대한 우리 자신의 관계를 변화시키며, 우리는 몸에 대한 몇 가지 질문들을 의식하게 됩니다. 육체적인 관계들을 하나님으로부터 오는 강력한 선물들로 여긴다면 어찌될까요? 우리 몸 안에 존재하는 강력한 느낌들을 우리의 삶 속에 있는 하나님의 능력과 현존의 긍정적인 반영으로 여긴다면 어찌될까요? 우리의 몸과 육체적인 관계들을 거룩하신 분의 도구로서 신중히 다루며 존중하려 하지 않을까요?

이러한 질문들에 대한 대답을 시작할 때에, 우리의 관심은 더욱 하나님을 향하게 됩니다. 우리는 자신의 모든 감정을 내면에 있는 생명의 영의 맥박으로 여기며, 기도의 태도로 이러한 감정들을 다루려는 바람도 성장합니다. 아벨라르는 경솔하게 연애 사건을 벌였기 때문에 큰 어려움에 빠졌지만, 곧 자신이 보다 강력한 것의 수중에 잡혔다는 것을 깨달았다고 생각됩니다. 아가서에 등장하는 연인들처럼, 아벨라르와 엘로이즈는 하나님의 사랑의 힘에 도취되었습니다. 그러나 그들은 아직은 자신의 감정을 거룩한 것의 반영으로 보지 않았습니다.

우리가 느끼는 사랑이나 갈망의 감정에 하나님의 사랑을 담을 수 있다는 것을 이해하면, 이러한 감정들에 대한 우리의 태도가 변화됩니다. 우리는 수치심이나 죄의식이 없이 그것들을 존중하기 시작합니다. 우리는 몸을 통해서, 그리고 몸을 가지고 기도할 수 있다는 것을 깨닫습니다.

제9장

하나님을 향해 걸어감
Walking Toward God
눈에 보이는 여정

우리의 몸이 공간 속을 움직일 때에, 정신도
함께 움직입니다. 그리고 우리의 정신이 움직일 때에,
하나님은 우리의 존재 속으로 들어오실 수 있습니다.
왜냐하면 움직임은 공간과 새로운 가능성들을
만들어내기 때문입니다.

이제 하나님과 함께 하는 우리의 삶은 존재의 모든 측면, 즉 마음과 정신과 몸을 포함합니다. 그러나 "우리의 존재"는 정지 상태에 머물지 않습니다. 우리는 움직이고 변화하고 성장합니다. 우리의 삶은 4차원의 과정, 즉 시간과 공간을 통과하는 움직임입니다.

이 책 서론에서 여정으로서의 기도 생활에 대해서 언급했는데, 이것은 영성생활을 나타내는 대중적인 은유로서 종종 영적인 길이라고 언급되기도 합니다. 이 여정이라는 이미지를 포함하며 하나님과의 만남을 향하는 수단으로서 공간을 통과하여 움직이기 위해서 우리의 몸을 필요로 하는 기도 방법들이 있습니다. 이 장에서는 그러한 방법 두 가지를 소개하고, 기도 생활에서 중요한 영적 발달이라는 개념에 대해 살펴보겠습니다.

우리는 여행 중입니다

어떤 사람이 조용한 곳에서 기도 피정을 하면서 삶의 여러 가지 어려운 문제들과 씨름하고 있었습니다. 그는 자신이 바른 일을 하고 있는지 확신하지 못했고, 자녀들의 건강에 대해서도 염려하고 있었습니다. 제대로 되고 있다고 느껴지는 것이 하나도 없었기 때문에, 그는 하나님으로부터의 대답을 원했습니다. 그는 모든 것이 개선되기를 원했습니다. 대부분의 사람들이 고통 중에 있을 때에 그렇듯이, 그 사람도 자신을 괴롭게 하는 것을 바로잡아줄 마법의 탄환이나 알약을 원했습니다.

그렇기 때문에 그 사람은 기도하러 온 것입니다. 그러나 침묵하면서 앉아 있어도 응답이 오지 않았습니다. 하나님은 그의 문제들을 고쳐 주시지 않았습니다. 이런 상태가 계속되었으므로, 그는 점점 더 좌절하고 당황했습니다. 그의 기도는 효과를 얻지 못하고 있었습니다. 그는 자신이 기대하고 필요로 하는 해결책들을 얻지 못하고 있었습니다.

피정의 마지막 날 아침에, 좌절한데다가 어느 정도 화가 난 이 사람은 산책을 하기로 작정했습니다. 이른 봄의 따뜻한 햇빛 속을 거니노라면 기분이 좋아질 수도 있었을 것입니다. 더 이상 지도나 응답을 기대하지 않고서 고요한 장소를 산책하고 있을 때에, 갑자기 머릿속에서 "너는 여행 중이다"라는 음성이 들려왔습니다.

그 사람은 나중에 그룹 전체에게 이 경험에 대해 말하면서, 이 깨달음에 기쁨과 안도감과 흥분 등의 감정이 수반되었다고 묘사했습니다. 몇 분 전까지만 해도 여러 가지 문제와 불편함으로 가득한 두려운 지옥이었던 그의 삶은 무한한 가능성을 가진 방대한 수평선으로 변화되었습니다. 그의 처지는 여전히 어렵고 불편했지만, 새로운 차원, 즉 변화와 쇄신의 가능성이 추가 되었습니다.

우리는 여행 중입니다.

영성생활을 묘사할 때에 여정이라는 은유가 자주 사용되는 이유는 무엇일까요? 이 은유가 지닌 매력은 무엇입니까? 그것은 우리는 이 세상에서 성장하고 발달하고 움직이는 피조물이기 때문이라고 생각됩니다. 우리는 나무처럼 한 장소에 뿌리를 내리고 살지 않습니다. 또 단세포 동물들처럼 평생 동일한 크기와 형태를 유지하고 살지도 않습니다. 우리의 삶은 시간과 공간을 통과하는 움직임입니다. 실제로, 이러한 움직임이 없으면 우리는 인격과 정체성을 형성할 수 없을 것이라고 많은 사람들이 주장해 왔습니다.

이 움직임은 우리에게 시야와 통찰을 제공해 줍니다. 우리는 수평선 너머에 무엇인가 다른 것이 있다는 것을 감지합니다. 10살 때에 보는 삶과 20살 때에 보는 삶과 80세에 보는 삶이 다릅니다. 변화와 새로운 가능성들이 존재합니다. 게다가, 세월이 흐르면서 우리의 관계들, 사람들과의 관계, 지식이나 직업이나 취미 분야에서의 관계 등 모든 관계가 더 풍성해지고 복잡해집니다(이것은 "선한"관계와 "나쁜" 관계에서 모두 발생할 수 있습니다).

우리는 여행 중입니다.

깊어짐과 풍요해짐에 대한 약속은 하나님과의 관계에도

적용됩니다. 하나님이 정말로 살아 계신다면, 우리와 그분과의 관계는 변화하고 성장하고 발달할 것입니다. 이러한 개념은 어떤 면에서는 분명하지만 실제로는 매우 다루기 어려우며, 교회 안에서 논쟁거리가 될 수 있습니다. 많은 사람들은 내면 깊은 곳에 있는 하나님과의 불변하는 정적인 관계라는 이미지를 발달시켜 왔습니다. 의식적으로든지 무의식적으로든지, 그들은 일단 "예수를 믿은" 후에는 더 이상 행하거나 발달시키거나 이해할 것이 없다고 생각합니다. 자신이 선한 기독교인이기 때문에 하나님으로부터 응답을 받을 자격이 있다고 느꼈던 내 친구처럼, 우리도 하나님과의 관계를 마치 우리가 삶을 마칠 때에 천국으로 가는 편도 여행을 포함하는 특정의 결과들을 공급해 주어야 하는 불변의 실체처럼 만듭니다.

내 말을 믿을 수 없다면, 교회 공동체 안에서 당신이 기도 생활을 발달시켜온 것에 대해 말해 보십시오. 특히 주류 교회 공동체들 안에 있는 사람들은 곧 당신을 영적 속물이라고 비난할 것입니다. 그들은 당신 자신이 그들보다 "더 거룩하게" 행동하고 있다고 생각한다거나, 그들보다 "더 신령하다"는 의미를 함축하고 있다고 생각합니다. 그러한 논평들은, 발달이 모든 활동의 일부이듯이 영성생활의 일부이기도 하다는 깨달음이 부족하다는 것을 드러내줍니다.

"발달"이란 우리가 천국에 들어가기 위해서 자신의 기도생활에서 특정한 것들을 성취해야 한다는 의미가 아닙니다. 우리의 영성생활을 발달시킨다는 것은 하나님과 우리의 관계가 보다 풍성하고 충만해질 수 있다는 것, 그리고 우리가 그러한 관계 안에서 성장할 때에 이 세상에서 천국을 경험할 수 있다는 것을 의미합니다.

발달이 영성생활의 일부라는 것을 이해하면 가능성의 영역 전체가 활짝 열립니다: 하나님은 아직 우리와의 관계를 끝내신 것이 아닙니다. 우리는 하나님의 은혜가 매일 새롭다는 진리를 붙들고서 편안히 현재에 머물 수 있습니다. 지금 우리가 어떤 상황에 처해 있든지, 변화가 가능합니다. 세상 및 세상에서의 우리의 지위는 정적(靜的)인 것이 아닙니다. 그것은 역동적이요 항상 움직이고 항상 성장하고 항상 새 하늘과 새 땅을 향해 뻗어갑니다.

우리의 믿음의 역사 안에서의 여정

여정과 발달이라는 개념을 기도의 과정에 결합시킨 것의 기원은 오랩니다. 믿음의 중심이 되는 이야기들은 움직임의 이야기들입니다. 출애굽기에서 하나님의 백성들은 노예 상태로부터 자유로의 이동을 예증하기 위해서 한 곳에서 다른 곳으로 이동합니다. 이스라엘 백성이 하나님께 대한 참된 예배에서 벗어났을 때에, 이 움직임이 역전되어 그들은 포로가 되고 종속 상태로 복귀했습니다.

예수님은 항상 움직이셨습니다. 그분은 가르치고 병자를 고치시면서 갈릴리 바다 너머를 두루 다니셨습니다. 그 후, 오늘날 우리가 성(聖) 주간에 지키는 사건들을 향해 이동할 준비가 되셨으므로 "예루살렘을 향하여 올라가셨습니다"(눅 9:51). 예수님은 죽으신 후에도 여행하시면서 가르치셨습니다. "엠마오로 가는 두 제자에게 나타나신 일"은 우리의 삶에서 부활하신 그리스도를 인지하는 과정을 묘사하는 중요한 비유가 되었습니다(눅 24:13-35).

이러한 이야기들 및 발달을 영성생활의 일부로 인정하는 것은 움직임을 포함하는 기도 방식들을 만들어내는 것으로 이어졌습니다. 초대 교회의 삶에서 이러한 방식들 중 가장 보편적인 것들 중 하나는 순례였습니다. 기독교인들이 인생의 어느 시점에 예루살렘으로 거룩한 여행을 하는 것을 장려했습니다. 이 여행은 죽었다가 새로운 삶으로 부활하는 세례의 변화를 상징했습니다. 순례자는 예수께서 죽으시고 부활하신 예루살렘으로 여행하면서 영적으로 옛 신분을 벗어버리고 신자라는 새 신분을 취할 것입니다. 그리고 순례를 마치고 돌아올 때에 순례자는 상징적으로 이 새로운 신분을 가지고 세상으로 옵니다. 세월이 흐르면서 이 방법은 극단적인 형태로 발달했는데, 그 중에는 완전히 무릎으로 기어서 순례를 해야 한다는 사상도 포함되어 있었습니다.

수도 공동체들이 발달하기 시작하면서, 수도원 건축으로 말미암아 수도사들이 걷기 기도(walking prayer)에 시간을 보내는 것이 허락되었습니다. 중정(中庭)을 둘러싸고 있는 복도나 회랑(回廊)은 수도사들이나 수녀들이 자신과 하나님과의 관계를 묵상하면서 원을 지어 끝없이 걸을 수 있는 장소였습니다.

현재 이러한 기도 방법들 안에서 어떤 일이 일어나고 있습니까? 우리의 몸이 공간을 움직일 때에, 우리의 정신도 움직입니다. 움직임은 공간과 새로운 가능성들을 만들어내므로, 우리의 정신이 움직일 때에 하나님은 우리의 존재 안에 들어오실 수 있습니다. 우리 몸의 움직임은 우리와 예수님의 관계와 흡사하며, 또 그 관계를 허락합니다. 이것이 엠마오로 가는 길의 이야기입니다. 제자들이 걸어가면서 예수님의 말씀을 들을 때에 그들의 마음이 뜨거워졌고(눅 24:32), 그들은 부활하신 그리스도를 알아보았습니다.

걷기 기도(Walking Prayer)

개인이나 그룹을 위한 간단한 방법은 천천히 걷는 것입

니다. 이 기도 방법은 우리의 정신 안의 소요를 완화시킴으로써 우리의 자아를 하나님께 개방해줄 수 있습니다. 이 방법을 시도하려면, 기도할 시간의 길이를 결정해야 합니다. 또 이 방법에는 걷기가 포함되므로, 걸을 장소를 선택해야 합니다. 방 안에서 걷기 기도를 할 때에는 방 안을 시계 방향으로 돌 수 있을 것입니다. 이것은 특히 그룹으로 행할 때에 적합합니다. 만일 당신이 건물 밖에 있다면, 반드시 미리 걸을 길을 선택하지 않아도 됩니다.

다른 모든 기도 방법에서처럼, 먼저 이 기도를 통해서 하나님의 현존을 알고자 하는 당신의 의도를 하나님께 말씀드리십시오. 그 다음에 아주 천천히 걷기 시작하여 정해진 시간 동안 계속 걸으십시오. 그것이 전부입니다. 처음에는 걷는 속도가 느리다고 생각되지만 나중에는 매우 **빠르**게 느껴질 것입니다. 몇 걸음을 걸은 후에는 속도를 한층 더 줄이십시오. 한 걸음을 떼는 데 최소한 15-50초의 속도로 걸으십시오. 걸으면서 발의 움직임에 주목하십시오. 두 발이 땅에 닿는 것을 느끼십시오. 한쪽 발을 들어 움직인 후에 다시 땅에 닿는 것을 느끼십시오. 당신의 몸처럼 천천히 정신이 움직이는 것을 허락하십시오.

처음에는 정반대의 일이 일어날 것입니다. 당신의 정신은 달리기 시작할 것입니다. 당신은 그것이 얼마나 충만한

지, 그것이 산들바람에 날개를 흔드는 새 모양의 장신구처럼 달리지만 아무 데도 가지 않는 것에 주목할 것입니다. 우리가 하나님을 주목하지 않는 것은 놀라운 일이 아닙니다. 왜냐하면 성령께서 우리에게 말씀하실 공간이 없기 때문입니다.

당신은 자신의 갈망들에 주목할지도 모릅니다. 당신은 보다 빨리 움직일 필요를 느끼거나, 욕망을 느끼거나, 반드시 말해야 할 것이 있을 수도 있습니다. 당신 자신이 얼마나 불안한지를 깨달을 수도 있습니다. 이러한 욕망들과 느낌들이 밀려오는 대로 내버려 두고, 그것들이 결국 어떻게 사라지는지 주목하십시오.

언젠가 누군가가 걷는 동안에 코끝이 간지러웠다는 말을 한 적이 있습니다. 그는 가려운 곳을 긁기로 작정하고서 걷는 속도와 동일하게 천천히 손을 움직였는데, 손이 코에 닿았을 때에는 이미 가려움이 사라진 후였습니다.

우리의 몸이 물리적인 공간을 천천히 움직일 때에, 마음과 정신이 방대한 영적 공간에 대해 열립니다. 하나님의 나라가 가까이 옵니다. 보통 우리는 너무 빨리 움직이기 때문에 하나님의 나라의 임재를 보고 느끼지 못합니다. 루이스(C. S. Lewis)의 『나르니아의 연대기』(Chronicles of Narnia)에 등장하는 아이들이 신비한 옷장 속을 모험할 때에 새로운 세계로 들어간 것처럼, 우리도 아주 느린 걸음으로 기도할 때에, 영원한 현재의 공간 속으로 들어갑니다.

천천히 걷는 것은 깨달음을 증가시켜주며, 깨달음은 하나님을 주목하는 능력을 고조시킵니다. 이 기도 방법에 친숙해짐에 따라서, 우리는 주위에 있는 것들을 보다 완전하게 감지합니다. 자신이 얼마나 빨리 움직이고 있는지를 의식하게 되며, 속도를 늦추고 하나님을 주목하려는 갈망이 마음속에서 자랍니다. 하나님은 우리 삶의 내용으로부터 우리에게 말씀하시기 시작하며, 우리가 참으로 거룩한 분 안으로 들어가는 여행을 하고 있다는 지식이 자랍니다.

그룹으로 걷기 기도를 할 때에는, 천천히 걷기를 실천한 후에 잠시 그 경험에 대해 보고하는 시간을 가지십시오. 걷기 기도가 어렵다거나 좌절을 느끼는 사람을 그룹 전체가 지원하거나 격려해줄 수 있으며, 회원들은 자신이 실천하면서 의식한 것들을 서로 나눌 수 있습니다. 몇 달 동안 규칙적으로 그 기도를 실천하면서, 사람들이 자신의 삶 및 하나님과의 관계 안에서 발생한 변화에 대해 어떻게 보고하는지 살펴보십시오. 아마 회원들은 자신이 여행 중이라는 것을 이해하고 인정하기 시작할 것입니다.

미로

앞에서 초대 교회 시대에는 예루살렘으로의 순례가 일종의 동적인 기도(movement prayer)가 되었다는 이야기를 했습니다. 638년에 예루살렘은 회교도 군대에게 정복되었고, 그 후 예루살렘으로의 순례는 점점 더 어려워졌고 중세 십자군 원정 때에는 거의 불가능했습니다. 이러한 역사적인 변화는 미로(labyrinth)라는 기독교적 기도 방식의 발달을 유발했습니다.

미로는 여러 전통에서 기도의 도구로 사용되어왔습니다. 4,000년 전의 것도 있습니다. 미로는 미궁(maze)과는 다릅니다. 그것은 대칭적으로 겹쳐지는 하나의 길로서 원형일 수도 있고, 사각형일 수도 있고, 삼각형일 수도 있습니다. 미로의 입구는 하나뿐입니다. 일단 미로에 들어선 사람은 나선형의 길을 따라서 중심으로 갔다가 같은 길을 되돌아 나와야 합니다. 예루살렘으로의 순례 여행을 할 수 없게 되었으므로, 기독교 공동체들은 순례 여행의 대체물로서 미로를 만들기 시작했습니다. 전통적으로 미로는 교회나 수도원의 돌바닥에 새겼습니다.

미로 걷기를 실천할 때에는, 우리 나름의 속도로 중심을 향해 걸어갔다가 되돌아 나옵니다. 미로 걷기에 소요되는 시간은 몇 분일 수도 있고 한 시간일 수도 있습니다. 그 기도는 세 단계로 나뉜다고 생각할 수 있습니다. 첫 단계에서는 하나님, 즉 미로의 중심을 향해 걸어갑니다. 이 단계에서는 우리를 창조주와 연합하지 못하게 하는 모든 것을 벗어버립니다. 둘째 단계는 미로의 중심에 도착하는 것으로서 하나님과의 연합을 상징합니다. 마지막으로 셋째 단계는 중심을 떠나 나오는 것으로서 우리가 하나님과 함께 세상 속으로 돌아가는 것입니다. 예루살렘으로의 실제 여정에서처럼, 이 과정도 믿음의 핵심적인 이야기, 즉 그리스도 안에서 죽고 부활하여 새 생명을 얻는 것을 모방합니다.

미로 기도를 행할 때에 가장 큰 도전은 미로를 발견하는 것입니다! 이 기도는 인기를 얻어가고 있지만, 미로를 발견하기가 다소 어렵습니다. 영구적인 미로를 설치한 교회들이 거의 없지만, 하나의 캔버스나 여러 개의 캔버스에 미로를 그린 이동식 미로를 가지고 있는 교회들이 있습니다. 조립식 미로도 구입할 수 있습니다.

만일 이동식 미로가 있다면, 그것을 펼칠 수 있는 큰 방이나 외부의 공간이 필요합니다. 만일 영구적으로 설치된 미로를 사용할 수 있다면, 그것을 사용할 수 있는 계획과 스케줄을 확정하십시오. 혼자서 미로를 걸을 수 있지만, 여럿이 그룹을 지어 함께 걷는 것은 이 기도에 놀라운 측면을 더해줄 것입니다.

먼저 잠시 침묵하십시오. 그 다음에 미로에 들어서는 사람들 사이에 어느 정도 거리를 두고서 미로 걷기를 시작하십시오. 각 사람은 자기 나름의 속도로 걸어야 합니다. 혹시 다른 사람을 앞지르려 한다면, 침묵하면서 친절하게 해야 합니다. 미로의 중심에 도착하면, 원하는 만큼 그곳에 머물고 나서, 미로에서 나오는 여정을 시작합니다.

미로를 걸을 때에는 하나님께 집중하십시오. 그리고 당신의 생각들을 지켜보십시오. 당신은 정신이 배회하도록 내버려 두려 하거나, 적극적으로 기도하기를 원할 수도 있습니다. 침묵하면서 성경을 낭송할 수도 있고, 여정과 관련된 질문들을 할 수도 있습니다. 예를 들면, 중심을 향하는 여정에 관해서, 당신에게서 버려야 할 것이 무엇인지, 또는 하나님과의 가까운 관계를 방해하는 장애물이 무엇인지를 스스로에게 질문하십시오. 미로의 중간쯤에서 하나님께 당신의 삶에 보다 충만하게 들어와 달라고 부탁할 수도 있습니다. 미로에서 나올 때에는, 당신의 삶의 어느 분야가 하나님의 현존으로 충만하게 채워질 수 있는지 질문할 수 있을 것입니다.

전체 여정에서, 공간을 움직이는 당신의 몸에 주목하십시오. 미로를 걷는 다른 사람들을 바라보십시오. 당신이 다른 사람들과 함께 영적 여행을 하는 느낌이 어떠한지 살펴보십시오. 당신의 몸을 통해서 하나님은 어떻게 말씀하고 계십니까? 그룹 전체가 걷기를 마치면, 시간을 내어 관찰한 것과 경험한 것들을 서로 나누십시오.

우리는 미로를 걸을 때마다 다른 것을 경험합니다. 이러한 변화는 영적 발달과 여정의 진리를 반영합니다. 우리는 항상 하나님을 향해 걸어가고 있으며, 여정의 각 지점에서 새롭고 상이한 것들을 인지합니다. 미로의 기도는 이 진리를 깨닫는 데 도움이 됩니다. 또한 그것은 우리가 하나님께로 갔다가 우리의 창조주와 함께 삶으로 나오는 과정에 완전히 들어가게 해줍니다.

하나님과 함께 생활하는 우리는 여행 중인 사람들입니다.

제10장
자연 안에서 기도하기
Praying In Nature
관상과 창조

여행의 동반자: 아씨시의 프란시스

성 프란시스는 하나님의 사랑과 영광이
만물을 위한 것이요 만물 안에 있다는 것을
깨달았습니다. 만일 우리가 동일한 것을 깨닫는다면,
우리는 과거에 그랬고 지금도 하는 것처럼 세상이나
서로를 무시하거나 파괴하지 않을 것입니다.

9장에서는 여정이라는 주제를 다루었습니다. 우리의 영성생활이 하나의 여정인 것처럼, 이 책에서 우리는 하나의 여정, 하나님과 함께 하는 삶의 본질을 탐구하는 여행을 하고 있습니다. 우리의 여정은 "스스로 계시는 분"과의 연합을 구하며 미지의 것에 도달하려는 우리의 마음과 정신과 더불어 시작되었습니다. 그 다음에는 우리의 몸에 대해 살펴보았습니다. 왜냐하면 우리는 감각을 통해서 하나님을 경험하는 피조물들이기 때문입니다. 이것은 우리의 몸이 시간과 공간 사이를 움직일 때에 우리가 어떻게 기도할 수 있는가에 대한 논의로 이어졌습니다.

8-10장에서는 인간은 무인도에 유배되거나 방대한 우주공간을 떠돌아다니는 사람처럼 고립되어 존재하지 않는다는 것을 깨달았습니다. 우리는 피조 세계의 일부인 피조물들이며, 인간이든 인간이 아니든 간에 다른 피조물들과 함께 이 세상을 공유합니다. 따라서, 이러한 다른 피조물들과 관계하면서 기도하는 방법을 고찰하지 않는다면 하나님과 함께 하는 삶에 대한 논의는 불완전할 것입니다. 이 장에서는 자연과 함께 기도하는 것을 살펴보고, 다음 장에서는 우리의 생활방식에 의한 기도를 살펴보고, 마지막에는 공동체의 기도에 대해 살펴보려 합니다.

창조세계 안에서 하나님 경험하기

사람들에게 언제 어떻게 하나님을 경험하느냐고 질문하면, 대부분은 자연 환경 안에서의 경험을 이야기합니다. 해가 지는 것, 산 위에서 본 광경, 고요한 광야, 새의 지저귐, 또는 폭풍의 힘 등 하나님의 창조를 통해서 사람들은 하나님을 보고 듣고 느낍니다. 성경이 기록되고 있었을 때에도 마찬가지였습니다. 창조력에 대해 다루면서 언급한 것처럼, 창조는 성경적 증거의 기초입니다. 이 장에서는 창조의 행위에 초점을 두는 것이 아니라 피조 세계의 실체 및 그 세계 안에서 하나님이 어떻게 보여지고 반영되는지에 초점을 둘 것입니다.

시편 기자는 창조 안에서 하나님의 행위를 보는 방법(시 104:24), 하나님이 나타나시고 행동하실 때에 땅이 어떻게 움직이고 녹고 변화되는지(시 97:5) 등에 대해 거듭 이야기합니다. 아가서에서는 하나님의 창조의 아름다움이 어떻게 하나님의 사랑을 반영하는지를 봅니다. 예수님은 창조의 리듬—꽃피는 들판(마 6:30), 수확하는 포도밭(마 20:1), 발효하는 누룩(마 13:3), 싹이 나는 겨자 나무(마 13:31)—을 비유의 자료로 사용하셨습니다.

우리는 하나님이 지으신 것들을 통해서 하나님의 지혜와 능력과 사랑을 압니다. 우리도 욥처럼 하늘을 응시할 때에 다음과 같은 질문을 받습니다: "구름의 평평하게 뜬 것과 지혜가 온전하신 자의 기묘한 일을 네가 아느냐?"(욥 37:16). 사람들은 보통 더렵혀지지 않은 광야를 "하나님의 땅"이라고 말하는데, 이것은 자연 안에서 하나님을 보는 것이 널리 보급되었음을 반영합니다. 그러나 자연 안에 계신 하나님의 현존을 인정하는 것은 곧 창조된 것들이 하나님이라는 의미가 아닙니다. 나무는 하나님이 아닙니다. 첫째, 한 그루의 나무는 한 그루의 나무로 존재하는 것 이상의 일을 하지 않습니다. 둘째, 나무가 죽었을 때에, 우리는 하나님이 죽었다고 말하지 않습니다. 하나님은 자신의 창조물을 통해서 말씀하시며, 하나님을 찾는 우리는 자연을 통해서 예수님의 구원하시는 사랑을 경험할 수 있는데, 이는 만물이 그로 말미암았기 때문입니다(고전 8:6).

아씨시의 성자 프란시스

자연 안에서 하나님을 보는 것과 관련하여 우리를 도울 수 있는 가장 적절한 인물은 후일 아씨시의 성자 프란시스라고 불리게 된 프란시스 베르나르도네(Francis Bernardone)입니다. 1182년경에 태어난 프란시스의 이야기는 많은 위대한 신비가들의 이야기와 비슷합니다. 그는 어렸을 때에는 편안하고 부유하게 지냈습니다. 그러나 그는 결국 그러한 삶을 버리고 예수께 삶을 헌신하라는 부르심을 받고 회심했습니다.

프란시스의 새로운 삶의 주도적 원리는 단순, 가난, 병자와 가난한 사람들을 돌보는 것, 그리고 하나님의 사랑의 비전이었는데, 이것은 그로 하여금 모든 피조물 안에서 하나님을 보게 해주었습니다. 프란시스는 모든 피조물 안에서 하나님의 통일시키는 능력을 보는 이러한 능력 때문에 "자연 신비가"라고 불렸습니다(*Saint Francis: Nature Mystic*, 9).

성 프란시스를 포함하여 영적인 대가와 함께 지내는 것이 어떤 것인지는 상상하기 어렵습니다. 우리는 프란시스가 사망하고 나서 적어도 50년이 지난 후에 기록된 『아씨시의 프란시스의 잔 꽃송이』(*The Little Flowers of St. Francis of Assisi*)에 수록된 이야기들을 통해서 프란시스에 대해 어느 정도 알 수 있습니다. 이 책에는 프란시스가 새들에게 설교한 것, 늑대와 협상한 것, 포도밭을 증가시킨 것 들 유명한 이야기들이 수록되어 있습니다. 현대인들은 이러한 이야기들을 꾸며낸 전설로 간주하려는 경향이 있습니다. 그러나, 그렇게 생각한다면, 프란시스와 함께 살았고 그를 알았던 사람들과 더불어 만들어진 이야기들의 핵심을 놓칠 것이라고 생각됩니다. 우리는 모든 역사적인 인물들을 다룰 때처럼 다음과 같이 질문해야 합니다: 이 이야기들의 배후에는 어떤 영적 경험이 놓여 있는가? 이 사람들은 그 가난하고 보잘것없는 성인과 함께 지내면서 무엇을 보고 느꼈는가?

"우리는 그리스도 안에서 하나입니다." 당신은 교회에서 이 말을 몇 번이나 들었습니까? 이 말은 너무 자주 사용되기 때문에 대부분의 사람들은 그것에 대해 전혀 생각하지 않습니다. 만일 우리가 이 말을 숙고하고 나서 우리의 공동체와 가족과 세계를 둘러본다면, 이 선언은 하나의 추상적인 개념을 반영할 뿐이라는 결론에 이를 것입니다. 우리는 날마다 인식할 수 있는 거의 모든 방법으로 나뉨이라는 현실에 대면합니다. 우리는 계층, 인종, 견해, 성, 세대, 문화 등에 의해 나뉩니다. 급진적 환경주의자로 분류되는 가장 좋은 방법은 동식물과 우리의 통일성에 대해 말하는 것입니다. 그러나 성 프란시스는 다음과 같이 행했습니다:

> 프란시스가 열정으로 가득차서 길을 가다가 눈을 들어 길가의 나무에 새들이 셀 수 없을 정도로 많이 앉아 있는 것을 보았습니다. 이 광경을 보고 놀란 프란시스는 동료들에게 "여러분은 여기에 앉아서 기다리십시오. 나는 내 자매 새들에게 설교하러 가겠습니다"라고 말했습니다.(『잔 꽃송이』 36)

프란시스는 하나님의 사랑과 영광에 대해서 새들에게 설교했습니다. 프란시스가 설교를 마치니 새들은 네 방향으로 나뉘어 날아갔는데, 이것은 성 프란시스와 그의 형제들에 의해서 복음이 온 세상에 전파될 것을 상징합니다.

사람들이 볼 때에 열정으로 가득한 성 프란시스의 내면에서는 그리스도 안에 있는 만물의 통일이 추상적인 개념이 아닌 생생한 실체로 자리 잡고 있었습니다. 프란시스는 주위의 모든 것 안에서 하나님을 보고 경험했습니다. 새들은 그의 자매들이었고, 태양은 그의 형제였고, 지구는 그의 어머니였습니다. 그는 자연 세계에 대해 묵상하면서 자신의 주위에서 하나님의 영광을 보았습니다. 그는 "새들 안에서 창조주를 찬양했기" 때문에 새들에게 설교할 수 있었습니다(『잔 꽃송이』 36, 117-18, 37). 이것이 자연 안에서 기도하는 것입니다.

우리가 창조의 영광을 묵상할 때에, 우리 모두가 하나님 안에서 연결되어 있다는 깨달음이 마음과 정신 안에 뿌리를 내리기 시작합니다. 어떤 차원에서, 우리는 지구상의 모든 피조물과 상호 작용합니다. 우리는 지구에 있는 다른 것들의 폐에 있었던 공기로 호흡합니다. 우리는 식물의 잎에서 나오는 산소와 바다의 물을 취합니다. 성 프란시스는 하나님의 사랑과 영광이 만물 안에 있고 만물을 위해 존재한다는 것을 깨달았습니다. 우리도 동일한 것을 깨닫는다면, 결코 우리가 과거에 그랬고 오늘날도 행하는 것처럼 세상과 이웃을 무시하거나 타락시키거나 파괴하려 하지 않을 것입니다.

프란시스는 통일된 세상 안에 있는 평화와 사랑을 깊이 이해했기 때문에, 굿비오라는 마을에서 짐승들과 사람들을 해치던 늑대와 화해하기 위해서 숲 속으로 들어갔습니다. 우리는 늑대를 죽이려면 총을 들고 숲으로 들어갔겠지만, 프란시스는 아무런 무기도 갖지 않은 채 늑대에게 다가가서는 형제 수도사들을 부를 때처럼 "형제"라고 불렀습니다.

> 프란시스는 "내 형제 늑대야, 너는 여기서 많은 손해를 끼쳤다…그러기에 너는 강도나 흉악무도한 살인자처럼 사형을 당해야 마땅하다…그러나 내 형제 늑대야, 나는 너를 이 사람들과 평화롭게 지내게 하고 싶다. 너는 시민들을 더 이상 해치지 말고 그들도 너의 지난 죄를 다 용서해 주어서 사람도 개도 너를 더 이상 몰아내지 않도록 하겠다"고 말했다.(『잔 꽃송이』 48)

프란시스는 늑대에게 마을 사람들이 먹을 것을 공급해 주어 다시는 늑대가 배가 고파서 사람이나 짐승을 해치는 일이 없게 해주겠다고 약속했습니다. 그렇게 협상한 뒤에,

늑대는 그들 간의 거래를 보증하기 위해서 프란시스를 따라 마을로 갔습니다. 그 신묘한 기적 때문에 마을 사람들은 하나님의 축복과 영광을 알게 되었습니다(『잔 꽃송이』 49).

자연 안에서 기도할 수 있는 기회

자주 자연 세계의 아름다움에 접근하는 사람들은 자연 안에서 기도하는 것의 힘을 쉽게 망각하거나, 이해하기 어렵다고 여깁니다. 필자도 영적 경험을 만들어내는 것을 도와주는 자연세계의 능력에 대해 조금 의심을 품고 있었는데, 우리 부부가 뉴욕 빈민가의 청년들을 버몬트에 있는 우리의 농장에서 피정할 수 있도록 초대하면서 이러한 의심은 사라졌습니다.

이 청년들은 한 번도 잔디밭을 본 적이 없었습니다. 그들은 밤이면 어두워지는 곳에 가본 적이 없기 때문에 별을 본 적도 없었습니다. 나는 그 청년들에게 우리 집 주위의 풀밭에는 들어가도 되지만 채소밭에는 들어가지 말라고 말했는데, 그들은 나를 쳐다보면서 "채소가 뭐지요?"라고 물었습니다.

피정 이틀 째 되는 날, 우리는 청년들을 데리고 등산을 하기로 했는데, 이것도 그들이 해본 적이 없는 일이었습니다. 우리는 농장 근처의 코스를 택했는데, 그곳은 짧지만 가파른 오르막 코스로서 산의 정상에 오르면 마을 전체를 내려다 볼 수 있었습니다. 청년들 중에 건강이 좋지 않은데다가 천식을 앓고 있는 처녀가 있었습니다. 설상가상으로 그녀는 호흡용 마스크를 가져 오지 않았기 때문에 그녀를 데리고 산을 오르는 것은 정말 큰 도전이었습니다.

나는 다른 사람들 모두가 산을 내려간 후에야 그녀와 함께 정상에 도착했습니다. 그녀는 기진맥진하여 숨을 헐떡였습니다. 우리 두 사람은 말없이 바위에 앉아서 계곡을 내려다보았습니다. 그날 밤, 청년들이 낮의 경험에 대해 나눔의 시간을 가졌는데, 이 처녀는 활짝 미소를 지으면서 "오늘 등산은 영적인 경험이었습니다"라고 말했습니다.

청년들은 다음날 오후에 피정을 마치고 떠나갔습니다. 피정을 하는 동안에 자연세계와 접하면서 시간을 보낸 것은 그들에게 무척 큰 감명을 주었습니다. 그들은 처음에 농장에 도착했을 때에는 하나님이나 자신의 영성생활에 대해서 쉽게 말하지 못했습니다. 그런데 불과 며칠 동안에 신적인 것들에 대한 개념을 이해하게 된 것 같았습니다. 그들은 자연 안에 있는 하나님의 현존의 영향을 받았습니다.

자연세계와 함께 기도하는 방법은 무수히 많습니다. 이 책에서는 그것들 모두를 묘사하려는 것이 아니라, 다만 스스로 그러한 기도를 실천할 수 있는 기초가 될 몇 가지 지침을 지적하려 합니다. 창조력의 기도 방법이 그렇듯이, 일단 탐구하기 시작하면 가능성들은 무한히 많습니다.

자연세계는 우리를 둘러싸고 있으며, 우리는 이 세계를 새롭게 관찰함으로써 이 기도를 시작할 수 있습니다. 지금 내가 살고 있는 곳의 해가 뜨고 지는 광경은 무척 아름답습니다. 그런데 내가 이처럼 아름다운 광경에 대해서 말하면, 종종 사람들은 그러한 광경을 보는 일을 그만두었다고 말하곤 합니다. 그렇다면, 자연 안에서 드리는 기도는 주위를 둘러보는 일에서부터 시작할 수 있습니다. 아마 당신은 이미 공원이나 집 주변을 산책하고 있는지도 모릅니다. 다음에 산책을 할 때에는 눈을 들어 하늘을 쳐다보십시오. 나무나 꽃, 보도의 갈라진 틈에서 자라는 잡초를 보십시오. 새들이 지저귀는 소리를 들으십시오. 그 다음에는 이 모든 것을 지으신 분에게 주의를 기울이십시오. 만물 안에서 거룩하신 분의 현존을 의식하게 해달라고 부탁하십시오. 하나님이 사방에 계시다는 것을 깨달으십시오. '나는 새들 안에서 그리스도를 보며, 바람 속에서 성령의 음성을 듣는가?'라고 스스로에게 질문하십시오. 그렇게 질문하면서, 기도의 침묵 속으로 들어가십시오. 예수님의 음성을 들으십시오.

음식과의 관계도 자연과 함께 기도할 수 있는 기회가 됩니다. 안타깝게도 사람들과 음식의 관계는 점점 더 자동차와 휘발유의 관계처럼 되고 있습니다. 사람들은 급히 주유소에 들어가서 급유하고 나서는 재빨리 출발합니다. 그러나 음식을 준비하고 먹는 과정은 훌륭한 기도의 수단이 됩니다. 음식을 준비하고 먹으면서 그 음식에 대해 생각하십시오. 우리가 먹는 것은 모두 흙에서 나옵니다. 모든 음식물은 태양과 비, 그리고 그것을 재배한 사람의 수고에 의해서 양분을 공급받습니다. 기도하면서 이러한 실체들 속으로 들어가십시오. 당신이 씹는 음식 안에 살아있는 사랑과 돌봄을 느끼십시오. 당신의 내면에서 감사함이 솟아오르는 것을 허락하십시오. 그것이 바로 프란시스가 다음과 같이 말하면서 느꼈던 것입니다:

> 나의 주님, 형제 바람으로 인해 찬미를 받으시옵소서. 대기와 구름, 그리고 순탄한 날씨 및 온갖 종류의 날씨로 인해 찬양을 받으시옵소서. 당신은 그것들에 의해서 피조물들을 양육해 주십니다.(『잔 꽃송이』 117).

이렇게 주목함을 통해서 건전하지 못한 식습관에 주목하고 고칠 수도 있을 것입니다. 당신은 자신이 보다 천천히 음식을 먹기를 원한다는 것을 깨닫거나, 또는 더 신선하고 영양이 충분한 음식을 준비하고 먹기를 원할 수도 있을 것입니다. 이러한 갈망들은 사랑의 하나님의 임재, 흙으로 당신을 지으시고 양육하시는 분의 임재를 반영해줍니다.

자연으로 기도하는 세 번째 방법은 자연 환경 안에서 또 다른 유형의 기도를 실천하는 것입니다. 자연 세계의 존재가 다른 기도 방법들을 강화해주고 깊게 해주는 것을 발견할 수도 있을 것입니다. 예를 들어, 나는 혼자서 등산을 하면서 도중에 가끔 멈추어 서서 잠시 침묵 기도를 합니다. 또 주일예배나 회의를 마친 후에 자전거를 타고 가면서 규문을 시행하기도 합니다. 이러한 기도 시간에, 자연 안에 있는 하나님의 현존은 내가 다른 방식의 기도를 실천하는 것을 지원해주고 강화해줍니다.

자연 안에서 여러 종류의 기도를 실천하노라면, 자신이 야외에 있을 때, 요리를 할 때, 또는 자연세계를 대면할 때마다 더욱 기도에 이끌리는 것을 발견할 것입니다. 사람들이 아름다운 자연 환경에서 피정을 할 때에 이러한 경향이 발달합니다. 피정이 진행됨에 따라서, 사람들은 산책을 하거나 잔디밭에 앉거나 나무를 그리면서 보내는 시간이 더 많아집니다. 피정하는 사람은 기도를 많이 할수록, 그들에게 말씀하시는 하나님의 음성을 들을 수 있는 피조 세계에 더 깊이 끌립니다.

자연과 함께 기도하기:
개인적인 실천, 또는 그룹으로의 실천

지금까지 자연과 함께 기도하는 일반적인 방법들에 대해서 살펴보았습니다. 그런데, 그룹을 편성하여 가르칠 수 있는 특별한 방법들의 경우는 어떻습니까? 물론 많은 가능성들이 있으므로, 여기에서는 간단하면서도 어떤 환경에나 적용할 수 있는 한 가지 방법에 대해 설명하려 합니다.

이 방법에는 자연 세계의 사물, 즉 나뭇잎, 꽃, 나무, 풀, 하늘 등을 깊이 관찰하는 것이 포함됩니다. 이 기도를 할 때에는 먼저 만물 안에서 하나님을 보려는 우리 자신의 의도와 소원에 주목하면서 시작한 후에 침묵하면서 시간을 갖고 자신이 정한 사물을 관찰해야 합니다.

일반적으로 우리에게는 사물을 바라보는 시간이 거의 없습니다. 따라서, 이 기도를 할 때에 우리는 사물을 깊이 바라볼 기회를 갖게 됩니다. 나뭇잎의 잎맥을 관찰해 보십시오. 나뭇가지의 모양, 조직, 색깔을 감상하십시오. 그것이 어떻게 존재하게 되었는지, 그것이 성장한 다양한 단계를 상상해 보십시오. 나무 그늘의 혜택을 입는 피조물들은 무엇이 있습니까? 지금 우리는 자신이 밟고 있는 풀이 만들어내는 산소를 호흡하고 있다는 것을 깨달으십시오.

성 프란시스는 비둘기들을 보면서 하나님의 영광을 보았

습니다. 그러한 통찰의 기적과 아름다움이 이 기도 방법이 가리키는 방향입니다. 당신은 꽃을 열심히 관찰하면서 정신이 다른 생각이나 개념으로 가 있는 것을 발견할 수도 있습니다. 당신은 자신이 세상과 자신의 삶과 다른 사람들을 어떻게 평가하는지를 깨달을 수도 있습니다. 그 꽃과 전혀 관계가 없는 것에 대해서 하나님이 당신에게 말씀하시는 것을 발견할 수도 있을 것입니다. 침묵하는 동안에 이러한 생각들과 느낌들을 의식하면서, 관찰을 계속하십시오. 묵상 시간이 끝나면 하나님께 감사하십시오.

당신이 혼자서 이 기도를 실천하고 있다면, 그러한 경험을 일지에 기록하는 것이 좋습니다. 만일 당신이 어떤 그룹에 속해 있다면, 그 환경이 당신이 관찰한 것과 경험한 것들을 나눌 수 있는 탁월한 장소를 제공할 것입니다. 그룹의 지도자는 회원들이 관찰한 것을 그림으로 표현할 시간을 줌으로써 이 기도를 창조력의 기도와 연결할 수 있습니다.

성 프란시스의 이야기를 읽을 때 중요한 것은 그 내용을 문자 그대로 믿느냐 믿지 않느냐가 아닙니다. 그 이야기들은 한 겸손한 사람을 드러내 줍니다. 사람들은 그 사람에게서 산들이 뛰어오르고 언덕들이 노래하고 모든 피조세계가 하나님을 찬양하는 시편의 세계 안에 살았던 사람을 보았습니다. 우리도 자연 안에서 하나님께 기도할 때에 이러한 실체 안에서 살기 시작하며, 만물이 하나님에 대해 속삭여 주는 세계에서 살고 있다는 것을 깨닫습니다.

제11장
기도와 세상에서의 삶
Prayer And Life In The World

여행의 동반자: 베긴회(Beguines)

우리가 자신의 존재와 행위 전체 안에서
하나님을 구하기 시작할 때에, 우리의 실존 전체가
변화됩니다. 이제 우리의 삶은 기도를 위한
시간과 다른 일들을 위한 시간으로
구분되지 않습니다.

자연 안에 거하는 것은 물질세계에서 사는 것의 작은 구성 요소에 불과합니다. 우리는 대부분의 시간을 자기 자신과 가족들을 보살피고, 일하고, 물건을 구매하고, TV를 시청하고, 오락을 하는 데 보냅니다. 이 장에서는 다음과 같은 질문들에 대해 살펴보려 합니다: 어떻게 하면 우리가 삶과 더불어 기도할 수 있는가? 우리의 존재 전체를 기도의 도구로 사용하면 어떤 일이 발생하는가? 우리가 기도하면서 자신이 행하는 모든 것 안으로 들어간다면, 우리의 생활 방식이 변화되는가?

선진국에서는 기도의 실천은 우리의 물질적 실존과 관련된 문제나 질문들과 어느 정도 단절된 것처럼 보입니다. 이 장에서는 몇 명의 역사적 인물들을 언급하면서 이러한 단절의 틈을 이어보려 합니다. 지금까지 이 책에서 다루었던 사람들 모두를 다시 간략하게 언급하고 나서 새로운 집단, 즉 베긴회(Beguines)를 만나보겠습니다.

청빈(淸貧)

이 책에서 다룬 여행의 동반자들 모두에게는 하나의 공통된 특징이 있습니다: 그들이 기도를 많이 할수록, 그들이 소유하거나 필요로 하는 물질은 적어졌습니다. 물질을 가장 많이 가진 자가 승리한다고 선전하는 현대의 슬로건과는 달리, 하나님께 가까이 갈수록 우리가 필요로 하거나 원하는 물질은 줄어듭니다. 이처럼 필요로 하는 것이 줄어든다는 의식은 하나님에 대한 신뢰라는 특성과 연결되어 있습니다.

성 프란시스, 사막의 교부들, 순례자, 또는 노리지의 줄리안은 하나님과의 관계가 친밀해질수록 모든 것을 하나님께 맡겼습니다. 그러므로, 우리는 세상의 물질적인 상황을 가지고 기도할 때에 다음과 같은 질문에 대면합니다: 우리는 정말로 자신의 삶―우리의 실제의 육체적 삶―을 하나님께 맡기는가? 이것은 매우 도전이 되는 질문입니다. 어쩌면 우리는 자신의 생각과 느낌들은 하나님께 맡길 것입니다. 그러나 우리에게 먹을 것과 잠잘 곳을 공급해 주는 물질들에 대해서는 어떠합니까? 우리의 관심과 우선 사항들은 어떠합니까? 우리가 기도하면서 자신의 생활방식 속으로 들어가 보면, 물질주의라는 문제를 만나게 됩니다. 우리의 관심사는 무엇입니까, 하나님입니까, 물질입니까?

12세기 말에 유럽에서 이러한 문제들을 언급하는 종교운동이 시작되었습니다. 14세기까지 지속된 이 운동은 베긴회라고 불리는 평신도 여성 공동체들로 구성되었습니다. 이들이 우리의 여정 중 이 단계에서 도움을 줄 동반자들입니다.

이 운동을 조직한 여성들은 "그리스도의 인간 생활과 고난을 가능한 한 엄밀하게 본받는" 생활을 하고자 했습니다. 그들은 기도와 단순함이 밀접하게 연결되어 있다고 보고, 그러한 삶을 살려 했습니다. 그들은 "영적인 가난뿐만 아니라 스스로 노동하여 자조(自助)하는 것과 연결된 물질적으로 단순한 생활방식"을 강조했습니다(*Spirituality and History*, 153, 162).

이러한 생활방식을 선택하게 된 원인은 그리스도를 본받으려는 갈망, 그리고 하나님을 신뢰하며 기도하면서 하나님과의 연합을 얻으려는 갈망이었습니다. 베긴회는 이러한 갈망에 기초를 두고서, 단순한 노동과 기도와 봉사를 할 수 있는 공동체를 설립했습니다. 그들은 기도하면서 자신의 삶을 관찰하여, 하나의 "대체 생활 방식"을 만들어냈습니다. 그것은 "그들의 사회적 배경을 부인하는 것과 사회적으로 혐오스러운 생활방식을 받아들이는 것을 포함했기" 때문에, "사회의 자연스러운 질서"를 대신하는 것이었습니다 (*Spirituality and History*, 163, 150).

베긴회의 수녀들 중 다수는 유럽 사회의 유복한 가문 출신이었습니다. 우리는 그들에게서 예수께서 말씀하신 근본적인 진리를 목격합니다: 우리는 기도를 많이 할수록 이웃에 대해서 더 많이 배려하며, 자신의 재산 축적에 대해서는 걱정하지 않습니다. 성경을 조금이라도 읽은 사람이라면 이 진리를 알고 있습니다. 그러나 강력한 물질주의적 조직, 세계적인 자본주의의 한복판에서 살고 있는 우리들에게 있어서 이 진리는 실천하기는 어렵고 망각하기는 쉬운 것입니다.

최근에 한 친구가 사순절 기간 동안에 은밀하게 기도하려다가 이 물질주의가 자신의 생활을 얼마나 강하게 붙들고 있는지를 발견했습니다. 그 친구는 사순절 기간 내내 자신의 재산 중 얼마로 구제하면서 서서히 물질의 압박으로부터 해방되려 했습니다. 그런데 그녀는 놀라운 사실을 발견했습니다. 이 수련은 해볼 말한 일이었지만, 성 주간(Holy Week)이 되었을 때에 그녀는 자신이 그 일을 하는데 실패했다고 느꼈습니다. 그녀는 자신의 삶과 가족들의 삶 속에서 물질주의가 얼마나 강력한 힘을 발휘하고 있는지를 깨달았다고 말했습니다. 특히 물질주의가 그녀의 자녀들에게 얼마나 큰 영향을 미치고 있는지가 분명히 드러났습니다. 우리 자녀들이 이미 물질을 필요로 하고 획득하려는 유혹의 포로가 되어 있다는 사실에 대해서는 이야기한 바 있습니다.

베긴회는 이러한 물질의 속박에서 벗어나려 했습니다. 인간의 물질적인 욕망이 매우 강하여 종교 제도에까지 침입할 수 있기 때문에, 그들이 "가난을 강조한 것은 최소한 암시적으로 부유한 교회를 비판하는 경향을 띠었기 때문에…그들은 종종 위협을 받았습니다"(*Spirituality and History*, 153). 우리가 행하는 다른 형태의 기도들과 마찬가지로, 물질적인 삶을 가지고 기도하는 것도 격변을 초래할 수 있고, 또 초래할 것입니다. 침묵 기도를 할 때에 우리의 정신이 반란을 일으킬 수 있듯이, 우리가 어떻게 살고 있는지, 또는 우리가 물질적으로 우선시하는 것이 무엇인지를 질문하기 시작할 때에 우리가 속한 사회적 집단들도 우리에게 반항할 것입니다.

우리의 소유에 대해 깊이 고찰하는 것은 기도와 어떤 관계를 지닙니까? 거기에 속하는 방법들은 무엇이며, 기도의 기본요소들—우리 자신을 하나님 앞에 가져가는 것, 하나님의 음성을 듣는 것, 하나님께 집중하는 것—과 어떤 관계를 지닙니까? 가장 기본적이고 개인적인 방법은 물질로 구제하는 것이며, 그 다음에는 단체로 구제하는 것입니다.

기도의 실천으로서의 십일조

현재 미국의 주류 교회들이 물질로 구제하는 평균 수준은 한 사람의 총 수입의 1-3%입니다. 이것은 성경적인 표준, 즉 총 수입의 10%보다 훨씬 낮은 수준입니다. 아마 어떤 사람들은 교회가 자기들의 돈을 받을 자격이 있다고 느끼지 않을 것입니다. 그러나 나는 이것이 주된 문제라고 생각하지 않습니다. 우리는 지원하고 싶은 교회를 발견할 수 있을 것입니다. 수입의 10%를 교회에 바치는 것이 어떻게 기도의 실천이 될까요?

십일조는 실천하기 어려운 수준의 구제를 요구하고 그것의 실천을 통해서 하나님과 관계를 갖도록 강요한다는 점에서 하나의 영적 수련입니다. 10퍼센트를 바치는 것은 그만한 수준의 상실을 의미하므로 어려운 일입니다. 만일 100달러를 벌어서 1달러를 바쳐야 한다면, 아마 생각 없이 바칠지도 모릅니다. 사람들은 음료수나 담배나 복권을 살 때에는 무관심하고 무심하게 1달러를 사용합니다.

그러나 만일 100달러를 벌어서 10달러를 바쳐야 한다면, 신경을 쓸 것입니다. 우리는 전화카드, 자동차 할부금, 또는 중요한 물건 구매를 할 때에는 경솔하게 지출하지 않습니다. 그러므로, 우리는 "하나님께" 돈을 바치러 갈 때마다 이 장 초두에서 제기했던 질문, "하나님께서 우리에게 필요한 것을 공급해 주실 것을 우리는 믿는가?"라는 질문을 대면합니다.

우리는 자신이 가지고 있는 것 중 많은 분량을 다른 사람에게 양도할 때면, 실존에 대한 두려움에 직면합니다: 우리는 굶게 되지는 않을까? 우리의 자녀들이 무일푼이 되지 않을까? 우리가 노숙자 신세가 되지는 않을까? 우리는 항상 이러한 결과들과 더불어 사는 사람들을 보고 있기 때문에, 이것들은 실질적인 두려움입니다.

우리는 소중한 돈을 바칠 때마다 하나님께서 우리에게 필요한 것을 공급해 주시리라고 말하며, 우리 통장에 돈을 가지고 있는 동안에는 멋지게 들리는 성경 구절들에 대한 진솔한 감정들을 대면합니다. 베긴회 수녀들은 이러한 두려움과 의심을 대면해야 했습니다. 그들이 자기들의 부동산에 대한 권리를 포기해도(또는 재산가와의 결혼을 포기한다면) 살아남을 수 있을까요? 아니면, 많은 농부들처럼 도시의 빈민가에서 생을 마감하게 될까요?

십일조를 바치는 것은 우리를 하나님과의 관계 속으로 들어가게 만들기 때문에 기도의 실천이 됩니다. 우리는 필요한 것을 하나님께 요청해야 합니다. 안타깝게도, 만일 우리가 삶을 완전히 하나님께 맡기면 하나님께서 우리를 부양해 주신다는 것을 대부분의 사람들은 믿지 않습니다. 우리의 생존에 대해 하나님께 이야기하려면 신뢰, 그리고 우리의 가치관과 중요시 하는 것들에 대한 조사가 필요합니다. 우리는 자신의 두려움들을 조사하고 하나님께 확신을 달라고 부탁하고 나서, 하나님의 응답에 귀를 기울입니다.

베긴회 수녀들은 굶주리지 않았습니다. 실제로, 그 운동은 성장하고 번성했습니다. 하나님께서는 이 여성들에게 필요한 것들을 공급해 주셨습니다. 당신은 구제를 많이 하면서 무엇을 발견합니까? 당신에게 기본적으로 필요한 것들이 충족되지 못할 위험에 처합니까?

의사소통 과정의 또 다른 중요한 특성은 가치관과 우선순위에 대한 성찰입니다. 우리는 더 많은 것을 내어주기 시작하면서, 자신의 재산을 사용하는 방법이라는 현실에 직면하게 됩니다. 내가 아는 많은 사람들은 자신의 경제적 형편이 어렵다고 말하면서도 매년 담배나 술, 도박, 새 차, 기타 필요하지 않은 물건 등을 구입하는 데 많은 돈을 허비합니다. 그들의 생활방식은 우리가 "하나님의 입으로 나오는 모든 말씀으로 살 것이라"고 사탄에게 말씀하신 예수께서 옹호하신 생활방식과는 거리가 먼 것입니다(마 4:4).

이 기도의 실천은 우리로 하여금 자신이 중요하게 여기는 것에 주목하게 합니다. 우리는 시간과 돈을 어떻게 사용합니까? 많은 베긴회 수녀들은 궁중의 파티에서 보내는 시간을 기도와 봉사의 시간과 바꾸었습니다. 그들이 굶주리지 않았던 한 가지 이유는 생활방식의 변화로 인해 생활비용이 적게 들고 적은 것으로도 오래 연명할 수 있었기 때문입니다.

이러한 염려들에 대해 하나님과 대화하면 모든 기도 방법들을 실천하는 데 따르는 결과에 이릅니다. 즉, 예수님과 더욱 친밀해집니다. 우리의 물질적인 노력의 대부분은 피조물로서의 기본적인 욕구를 충족시키는 것뿐만 아니라 하나님으로부터 분리된 영혼 내면의 빈 공간을 채우는 것과 관련된 것이기도 합니다. 광고하는 사람들은 이와 같은 공허감을 알고서 그것을 자기들의 제품으로 채우려 합니다. 언젠가 10살배기 내 아들은 "아빠, 이 광고 방송은 바보 같아요. '당신이 이 차를 사면, 당신의 삶이 완전해질 것입니다'라고 말하다니요"라고 말했습니다. 우리가 시간과 자원과 관심을 하나님께 양도하면, 하나님께서 그 빈곳을 채워주기 시작하십니다. 우리는 서서히 자신이 행하는 모든 것 안에 항상 거룩하신 하나님이 우리와 함께 계시다는 것을 알게 됩니다. 우리가 물질적인 삶을 가지고 더 많이 기도할수록, 그만큼 더 생수를 마시고픈 갈증이 해소되며 더 이상 더 많은 물질을 필요로 하지 않게 됩니다.

　이러한 개인적인 변화 외에도, 물질을 바치는 기도에 따른 또 다른 결과는 우리 및 이웃과의 관계가 변화되는 것입니다. 우리가 이 방식으로 더 많이 기도할수록, 그만큼 더 이웃을 섬기기를 원하게 됩니다. 이 때문에 그룹으로 이 기도를 실천하는 것에 대해 논의하려 합니다.

대항(對抗) 문화적인 삶과 기도

베긴회 수녀들은 사회가 지향하는 것에 역행하는 방식으로 살았기 때문에 사람들의 주목을 받았습니다. 그들은 문화에 대항했습니다. 신앙에 지속적인 영향을 미쳐온 기독교 공동체의 특징은 대항문화적인 삶이었다는 것을 오늘날 선진국의 기독교인들은 깨닫지 못하고 있습니다. 안타깝게도, 오늘날 많은 기독교인들은 대항 문화적이라는 것을 기독교 방송을 청취하는 것, 또는 특정 영화를 보지 않는 것 등의 일이라고 여깁니다. 물론 그러한 행동들도 어느 정도 가치가 있겠지만, 세상에서 우리가 살아가는 방식의 핵심에 이르지는 못합니다.

우리가 삶의 물질을 가지고 기도하기 시작할 때에, 베긴회 수녀들처럼 우리 자신과 공동체를 위한 하나님의 비전에 기초를 두고서 자신의 삶을 변화시키라는 부름을 받고 있음을 발견합니다. 전통적으로, 그룹으로 구제를 실천하는 것은 선교와 봉사의 범주에 속하며, 일반적으로 이러한 행동들은 "가난한 사람들을 구제하는 것"으로 이루어집니다. 물론 이것은 좋은 일이지만, 기도의 실천이라는 관점에서 보면 반드시 행할 필요는 없습니다.

불가능한 프로젝트(The Impossible Project)

우리가 행하는 모든 기도 방법의 특징은 그것들이 우리를 하나님의 뜻에 맡긴다는 것입니다. 우리가 아니라 하나님이 지휘하십니다. 우리는 하나님의 음성을 듣고 하나님의 현존에 주목합니다. 우리가 하나님으로 하여금 우리의 분부대로 행하게 하는 것이 아닙니다. 보통 한 그룹이나 교회가 예배와 관련된 프로젝트를 행할 때에, 그것을 지휘하는 것은 그 그룹이나 교회입니다. 프로젝트들은 다룰 만한 것들이며, 참석하는 사람들에게 지나치게 많은 희생을 요구하지도 않습니다. 이 경우에 지휘하는 것은 하나님이 아니라 우리입니다. 십일조의 경우처럼, 기도의 실천으로서의 그룹 예배 프로젝트에서도 그룹 전체가 하나님의 도우심과 인도하심을 의지해야 합니다. 따라서, 내가 이 기도 방법에 적용하는 용어는 "불가능한 프로젝트"(Impossible Project)입니다.

불가능한 프로젝트란 상이한 공동체에서 출신 사람들을 위한 피정이나 단기간의 피정에서는 이룰 수 없는 것입니다. 그것은 세상에서 믿음을 실천하려고 노력하는 사람들의 공동체를 위한 방법입니다. 따라서, 교회나 기독교 기관처럼 상당히 장기적인 관계 위에 세워진 공동체 내의 상황에 적절할 것입니다.

이것은 기도이며, 또 모든 단계에서 기도를 필요로 합니다. 그것을 실천하는 그룹의 중심에는 기도가 있어야 합니다. 그것은 함께 모여 침묵하는 그룹입니다. 그것은 함께 거룩한 독서, 규문, 또는 예수기도를 하는 그룹입니다. 간단히 말해서, 그것은 하나님과 함께 하는 삶, 세상에서 봉사하라고 부르시는 하나님의 방법을 질문하기 시작하는 삶을 추구하는 그룹입니다. 하나님이 하나의 그룹을 불러 "지극히 작은 자"(마 25:40)들을 섬기라고 요구하시는 방법은 무엇입니까?

한 그룹이 함께 기도하면서 대화할 때에 봉사 기회에 대한 아이디어들이 나타나기 시작합니다. 그 중에는 주방에서 음식을 나르거나 건설 현장에서 돕는 것처럼 분명하고 간단한 아이디어들도 있을 것입니다. 또 교회를 개척하거나 청년 센터를 건축하는 것처럼 다소 환상적이고 개연성이 없는 것도 있을 것입니다. 적어도 구성원들 중 몇 명은 이러한 일들이 불가능하다고 주장할 것입니다. 모든 아이디어를 놓고 구성원들 모두가 기도해야 합니다. 이 기도를 위해서 규문을 사용할 수도 있습니다.

결국 불가능한 아이디어들 중 하나가 구성원들 모두의 상상력을 사로잡기 시작할 것입니다. 구성원들은 그것이 "하나님에게 속한" 것이라고 느낄 것입니다. 불가능한 임무라는 기도의 실천은 이러한 일을 하는 것, 즉 우스꽝스럽고 불가능한 것처럼 보이는 일에 착수하는 것입니다. 이 기도를 할 때에도 십일조를 할 때처럼 우리는 하나님께 도움을 구할 뿐만 아니라 하나님이 누구이신지, 그리고 세상에서 어떻게 일하시는지에 대한 우리의 이해를 살펴보아야 합니다. 그리고 우리의 삶을 하나님께 맡겨야 합니다. 우리가 진정으로 하나님을 우주의 창조주라고 알고 있다면, 불가능한 일이 없습니다.

불가능한 임무의 실천에 참여하는 것은 상당히 기적적인 일입니다. 당신은 사람들이 새롭고 활기차게 하나님을 알기 시작하는 것을 지켜봅니다. 그들은 얼굴에 재미있는 표정을 짓고, 고개를 흔듭니다. 그들은 전보다 자주 침묵합니다. 어디선가 돈이 생길 때, 생각지도 못했던 물건들을 자기 뜻대로 처분할 수 있을 때, 적절한 기술을 가진 사람이 집에 왔을 때, 사람들은 자신이 하나님의 영역 안에서 살고 있다는 것을 서서히 깨닫습니다. 그 그룹 가운데 계신 부활하신 그리스도의 실체가 너무나 분명하기 때문에 무시할 수 없습니다.

이것이 바로 베긴회 수녀들이 발견했던 것입니다. 이것이 수세기 동안 삶 전체를 하나님께 맡긴 사람들이 발견해 온 것입니다. 당신이 하나님 나라의 생생한 실체 속으로 기도해 들어갈 때에, 당신의 삶은 새로운 느낌, 새로운 맛을 취하며, 당신은 도처에서 기적을 보기 시작합니다. 예수께서는 친구들에게 "하나님의 나라는 너희 안에 있다"고 말씀하셨습니다(눅 17:21). 우리에게 필요한 행동은 오로지 그것을 보고 실천할 수 있도록 기도하는 것입니다.

이제 이 장을 마치면서, 하나님과 함께 하는 근본적인 삶이 어떤 것인지 분명히 이해되었기를 바랍니다. 지금까지 정신적인 기도 방법들에서부터 몸으로 하는 기도를 거쳐 삶으로 드리는 기도까지 살펴보면서, 영적인 길이란 정신적으로 한 구절을 반복하는 것이 아니라는 것을 발견했습니다. 이제 우리의 삶은 기도하는 시간과 다른 일을 하는 시간으로 나뉘지 않습니다. 대신에, 우리의 존재 전체와 우리가 소유하고 있는 모든 것은 샬롬, 즉 모든 이해를 초월하는 하나님의 평화의 성장을 위한 비옥한 땅을 제공해줍니다.

제12장
기도하는 공동체
A Parying Community
함께 실천하는 나눔의 삶

여행의 동반자: 성 베네딕트

하나님과 함께 하는 삶은 침묵과 경청의
리듬이 나눔과 봉사의 리듬과 교대하는 삶입니다.
우리는 존재의 모든 부분을 가지고 기도함으로써
생수의 우물에서 솟아나는 은혜가 우리의
존재의 모든 측면을 통과하여 흐르면서
갈라지고 병든 곳에 양분을 주고 물을
공급하는 것을 허락합니다.

이 책에서는 대부분의 기도 방법들을 (그룹에서도 실천할 수 있음에도 불구하고) "개인적인 영적 발달"을 위한 도구인 것처럼 제시해왔습니다. 이것은 분명히 현대적인 접근 방법, 대체로 서유럽과 미국의 접근 방법입니다. 대부분의 기독교 역사에서, 기도의 방법들은 기도의 공동체 내에서 사용되어야 하는 도구들이었습니다. 모든 기도 방법들의 중심은 교회였고, 공동체는 영적 경험의 중심에 있었습니다.

한 사람이 하나님에 대한 깊은 깨달음을 얻어 영성생활을 시작하면, 곧 그 사람의 주위에 하나의 공동체가 형성되었고, 그의 깨달음은 그 공동체를 통해서 세상에서 결실을 거두었습니다. 이 책에서 다룬 사람들이 그러한 사람들입니다. 하나님은 영원히 창조물 전체 안에서 일하기를 원하시기 때문에, 이것은 신학적으로 타당합니다. 궁극적으로 구원은 한 두 명의 운 좋은 사람들을 위한 것이 아니라 하나님의 백성을 위한 것입니다. 그러므로, 이 장에서는 기도와 공동체, 보다 정확하게 표현하자면 기도로서의 공동체에 대해 탐구해 보려 합니다. 이 책의 다른 장들과는 달리, 이 장은 사변적이며 거의 존재하지 않는 것을 기다립니다. 이 말은 어떤 의미일까요?

많은 사람들이 지금까지 논의해온 모든 기도 방법들을

실천해오고 있습니다. 그들은 침묵기도, 예수기도, 자연 안에서 드리는 기도 등을 행합니다. 그들은 개인적인 영적 발달에 관심을 갖기 때문에, 기도를 삶의 일상적인 요소로 삼습니다. 그러나, 나는 영적인 공동체가 되는 데 헌신한 교회나 공동체는 거의 알지 못합니다. 현재 대부분의 교회들은 변화되고 있으며 소위 포스트모더니즘 시대에 스스로를 정의하려고 노력하고 있습니다.

친목회와 공동체 생활의 중심으로서의 교회의 시대는 사라졌고, 회중들은 어둠 속에서 자기들이 지역 문화회관인지, 양로원인지, 영적인 대형 슈퍼마켓인지, 아니면 영혼을 위한 주유소인지를 결정하려고 노력하고 있습니다. 삶의 모든 측면에 스며들어 있는 개인주의 때문에 이러한 노력을 하기가 한층 더 어렵습니다. 개인이 특별한 공동체와 함께 기도생활에 헌신하는 것은 엄청난 도전이며, 불가능할 수도 있습니다.

동시에, 세상에는 하나님과의 관계를 향한 엄청난 갈망이 있듯이, 공동체를 향한 엄청난 갈망도 있습니다. 사람들은 함께 모여 나누고 유대감을 느끼며 자신의 삶에 스며들어 있는 소외감을 완화하기를 원합니다. 이처럼 현재 우리는 역사적으로 새로운 형태의 교회 공동체들을 시도해보고 있습니다. 결국 이것들 중 일부는 기도의 중심, 본질적으로 하나의 기도 방법으로서의 회중을 재창조하는 새로운 형태의 제도의 창조로 이어질 수도 있습니다. 이 장의 목적은 이러한 방향을 지적하는 것, 공동체의 기도로서의 기도를 향해 가는 길에 또 하나의 블록—깊은 관상기도—을 추가하는 데 있습니다. 왜냐하면 그러한 공동체 안에서 하나님과 함께 하는 삶이 완전해지기 때문입니다.

우리의 여정의 마지막 단계의 안내자는 앞에서 만나 본 성 베네딕트입니다. 세월이 흐르는 동안 많은 사람들이 기독교 공동체라는 개념을 형성하는 데 기여했지만, 성 베네딕트가 만들어낸 기도 제도는 오백 년 동안 지속해 내려왔습니다. 따라서 그가 만든 기도의 모델이 우리의 논의의 출발점이 될 수 있습니다.

그러나, 이 장에서는 그와는 약간 다른 형태를 필요로 합니다. 나는 "행해야 할 공동체 기도 방법을 제공할 수 없습니다. 효과적인 하나의 기도 형태나 방법은 없습니다. 여기서 청년회나 주일학교 학급이나 성경공부그룹을 영적 공동체로 변화시키는 방법에 관한 단계별 교수 지침을 제공할 수는 없습니다.

그러나 각 사람이 처한 특별한 상황에서 독특하게 적용될 수 있기를 바라면서 베네딕트에게서 발췌한 몇 가지 일반적인 주제들을 제시할 수는 있습니다. 이러한 주제들이 어떤 장소에서 어떤 방법으로 지속적으로 적용된다면, 새로운 형태의 영적 공동체가 생겨날 것이라는 것이 나의 작업가설입니다.

영성형성을 위한 학교

이 책 거룩한 영적 독서를 다룬 곳에서 베네딕트가 그의 『규칙』에서 사용한 주된 이미지는 "주님을 섬기기 위한 학교"의 창조였다는 점을 살펴보았습니다. 공동체를 하나의 기도 방법으로 이해할 때에는 활발한 기도가 이루어질 수 있는 환경을 만든다는 개념이 중심이 됩니다.

공동체라는 환경은 한 그룹의 사람들이 자신을 하나님께 맡길 수 있는 안전한 공간을 제공합니다. 그것은 조직화된 환경으로서, 거기서 모든 것이 가리키는 초점은 그리스도의 정신입니다. 이러한 유형의 학교는 지식과 사실들의 획득을 목표로 하는 일반 학교들과는 다릅니다. 이 학교의 주요 목표는 영성 형성, 즉 기도와 하나님과의 관계를 지향하는 삶을 사는 사람들을 만들어내는 것입니다.

따라서 그 공동체는 단순히 기도를 실천하는 건물의 기능을 발휘하는 장소가 아닙니다. 공동체 안에서 산다는 것 자체가 기도의 실천입니다. 우리가 다른 모든 기도 방법과 관계하듯이 공동체의 삶과 관계를 갖는다면, 우리는 하나님에 의해 형성되고 변화될 것입니다.

공동체에 대한 이러한 견해는 교회를 조직으로 이해하는 오늘날의 이해와는 다릅니다. 조직상으로 나는 교회라는 기관의 구성원이며, 또 그 사실은 나로 하여금 특정의 활동에 참여하며 어떤 특권을 소유할 자격을 부여해 줍니다. 다른 기도 방법들의 경우와 마찬가지로, 기도의 실천으로서 공동체와 관계하는 것은 우리를 지으신 분께 우리 자신을 맡기는 권한을 부여해 줍니다. 우리가 예수님을 사용하는 것이 아니라 예수님께서 우리를 사용하시도록 맡깁니다. 공동체가 어떻게 기도 방법이 될 수 있는지를 알기 위해서, 베네딕트가 중요하다고 여긴 몇 가지 핵심 주제들에 대해 살펴봅시다.

겸손, 순종, 권한 부여

베네딕트는 공동체 내에서의 이 기도 과정에서 가장 중요한 요소는 겸손이라고 느꼈습니다. 왜냐하면 인간은 겸손에 의해서 천국으로 올라가고, 자기를 높임에 의해서 지옥으로 내려가기 때문입니다(『규칙』 21-22). 겸손은 "흙을 의미하는 "humus와 관련되어 있으며," 하나님 앞에서 우리 존재에 대한 실체에 기초를 둔 개념입니다. 우리의 삶을 책임지고 계시는 분은 하나님이십니다.

베네딕트는 하나님은 도처에 계시며 수도사들의 마음과 정신 속에 있는 것을 모조리 알고 계시다고 공동체에게 항상 상기시킵니다. 그렇다면, 항상 하나님 앞에서 자신을 낮추며, 자신의 뜻이 아니라 하나님의 뜻을 행하는 일에 주목해야 합니다. 그러므로 겸손은 개인적인 삶과 공동체의 삶에서 수도사들을 도와줍니다. 수도사들은 기도할 때에 하나님 앞에서 겸손해야 하며, 동료 수도사들 앞에서도 겸손해야 합니다. 겸손의 정신이 공동체 안에 가득해야 하는데, 이것은 수도원 생활에서 하나님의 끊임없는 임재를 분명하게 의식하도록 도와줍니다.

순종이라는 개념은 겸손과 밀접하게 연결되어 있기 때문에 베네딕트는 겸손의 첫 단계를 순종이라고 부릅니다. 베네딕트의 견해에 의하면, 순종은 그리스도의 삶과 직접 연결되어 있기 때문에 중요합니다. 그리스도께서 아버지의 뜻을 행하셨듯이, 수도사들도 "자기의 뜻을 버리고" 하나님의 뜻을 행해야 합니다. 참된 순종은 노예처럼 표면적으로 규칙들에 순종하는 것이 아니라, 바른 정신과 마음으로 행해지는 순종입니다. 수도원장이나 순종하는 대상에 대한 "불평"이 없어야 합니다(『규칙』 18, 19). 겸손의 경우처럼, 순종도 개인적인측면은 물론이요 중요한 사회적인 측면을 지닙니다. 하나님의 뜻이 공동체 안에서 알려지고 번영하기 위해서 수도사들은 서로 순종해야 합니다.

최근에 우리는 순종이라는 개념을 왜곡하여 사용하는 데서 생겨날 수 있는 폐해들을 많이 목격하고 있으므로, 우리 시대에 순종이라는 개념은 상당히 문제가 됩니다. "순종"이라는 단어와 "권한 부여"라는 단어를 결합하면, 현재의 상황에서 그 단어를 이해하는 데 도움이 될 듯합니다.

얼핏 보면, 이것은 역설적이거나 불가능한 것처럼 보일 수도 있습니다. 이 두 단어는 상반되는 개념들을 나타내는 듯합니다. 그러나 우리가 순종해야 할 대상이 누구이며 누가 우리에게 권한을 부여하는지를 조사하는 것 안에 연결 고리가 들어 있습니다. 베네딕트의 순종의 초점은 권세 있는 인간이 아니라 하나님이었습니다. 그 용어의 문제점들은 하나님의 통치를 인간의 통치로 대신하려는 경향 및 그러한 변화에서 오는 권력의 남용에서 생겨납니다.

하나님은 자기의 피조물들이 권위주의적인 통치나 학대에 짓눌리는 것을 원하지 않습니다. 우리 하나님은 예수의 하나님, 믿음으로 나아오는 학대받는 사람들을 고치시고 자유하게 해주시는 분이십니다. 우리가 진심으로 하나님께 나아갈 때에, 우리 자신의 의지에 의해서가 아니라 하나님의 역사를 통해서 권한을 부여 받습니다. 베네딕트가 말한 순종은 삶의 모든 영역에서 하나님의 뜻에 순종하려는 갈망이었습니다. 이 순종은 결국 그리스도 안에 있는 자유를 낳으며, 그리스도께서 주시는 구원에 동참할 권한을 줍니다. 하나님께 대한 순종의 표식—우리가 "참된" 순종을 실천하고 있는지 시험해 주는 방법—은 성령의 열매들 안에서의 성장, 특히 공동체 안에서 사랑과 믿음이 증가하는 것입니다.

경청, 기도, 그리고 관계

수도사가 하나님 앞에 나아갈 때에 지녀야 할 기본적인 태도가 겸손과 순종이라면, 그리스도 발 앞에 엎드린 수도사들이 행해야 할 중요한 활동은 경청입니다. 베네딕트는 『규칙』의 머리말에서 하나님의 말씀을 들으려면 "마음의 귀를 기울여야 한다"고 말합니다(『규칙』 1). 또 다시 경청은 기도의 핵심에 놓입니다.

그렇다면, 겸손하게 침묵하고 순종하는 수도사들은 무엇을 행해야 했습니까? 베네딕트는 "기도"라고 대답했습니다. 이 대답은 특수한 기도 방법들이 공동체의 기도 실천의 핵심이 되는 구성요소라는 사실을 드러내 줍니다. 베네딕트는 기도를 "하나님의 일"이라고 부르며, 공동체에게 "아무것도 하나님의 일 앞에 두어서는 안 된다"고 충고합니다(『규칙』 36, 62).

베네딕트가 기도에 초점을 둔 것을 살펴보면서, 또한 공동체의 삶에 성경이 얼마나 중요한지도 알 수 있습니다. 『규칙』에는 성경구절이 가득할 뿐만 아니라, 성경은 공동체의 기도 생활의 초점이었습니다. 매일 기도 시간에는 성경의 다른 부분들은 물론이요 시편, 복음서, 서신서 등을 읽고 노래했으며, 영적 독서를 할 때에도 성경을 읽고 그것에 대해 기도했습니다. 베네딕트는 우리가 하나님의 말씀을 통해서 하나님의 말씀이신 예수를 알게 된다는 것을 이해했으며, 우리는 기도의 과정을 통해서 이 지식을 얻고 하나님으로 하여금 우리의 삶을 인도하게 합니다.

기도가 없는 수도사와 공동체는 목적을 상실한 사람이요 공동체이며, 그리스도를 향해 움직이는 것이 아니라 자신의 뜻과 생각의 바다를 표류합니다. 베네딕트는 공동체가 혼돈의 바다를 건너 새 예루살렘으로 여행할 수 있는 이와 같은 배를 만든 후에, 공동체 내의 지도력과 관계라는 문제에 대해 주의 깊게 논했습니다.

베네딕트가 생각하는 관계의 이미지는, 형제들이 서로를 대할 때에 그리스도를 대하듯이 하는 것이었습니다. 따라서, 『규칙』에는 돌봄, 환대, 봉사, 정직, 신뢰 등의 주제들이 가득합니다. 베네딕트는 수도사들에게 "형제들이 서로 봉사하게 하라"고 권면하는데, 특히 이 봉사는 매주 서로 발을 씻어줌으로써 가시적으로 표현됩니다(『규칙』52, 53). 오늘날 우리의 교회에서 이것을 행한다면, 어떤 일이 일어날지 상상해 보십시오.

징계와 관련된 모든 일의 근원적인 목표는 징계를 받고 있는 형제를 돌보는 것인데, 이 돌봄은 특히 병든 수도사들이나 특별히 연약한 형제들에게 베풀어야 합니다. 손님들을 영접할 때에는 그리스도를 맞이하듯이 하고 그들의 발을 씻어주고 환대해야 합니다(『규칙』46, 72-74).

『규칙』에서 다루는 관계들은 엄격한 정직을 포함해야 합니다. 수도사들은 수도원장에게 모든 악한 생각과 죄를 고백해야 합니다. 또 베네딕트는 겉으로나 속으로 불평하지 말라고 권합니다. 왜냐하면 "기분 좋게 주는 사람"의 태도로 정직하게 행하는 순종이 참된 순종이기 때문입니다(『규칙』26, 19).

이러한 정직의 개념과 밀접하게 연결하여, 베네딕트는 부적절한 행동들로 인한 결과들을 강조합니다. 형제들이 서로 나타내야 하는 돌봄과 사랑은 죄를 눈감아주는 감상적이거나 피상적인 감정이 아닙니다.

베네딕트는 출교에 대해 길게 논하면서, 오늘날의 "중간 휴식"(time-out)과 흡사한 처벌 체계를 고안합니다. 수도사에게는 자신의 행동 및 자신이 그러한 행위의 변화를 얼마나 깊이 원하는지를 깊이 생각할 침묵 시간이 주어집니다. 그리하여, 또 다시 돌봄이 강조되지만, 베네딕트는 수도원장이나 공동체는 중요한 문제를 무시하지 말고 문제의 핵심으로 들어가서 "잘못의 뿌리를 잘라내야 한다"는 것을 깨닫습니다(『규칙』 45, 10). 오늘날 어떤 행동으로 인해 사람들에게 도전하는 것은 기독교적이지 못하다는 이유로 부정적이고 역기능적인 행위들이 만연하고 있는 많은 교회들의 상황을 이러한 접근방법과 비교해 보십시오.

이처럼 관계에 있어서 정직과 결과에 초점을 두는 것은 내적인 기도 과정의 외적인 표현입니다. 기도는 우리 자신 및 우리와 하나님의 관계에 대한 정직한 진리를 가지고 우리를 대면하기 때문에, 종종 도전적입니다.

베네딕트는 수도원 내에서의 지도(指導)에 대해 논하면서 관계에 대한 이러한 개념들을 조심스럽게 적용합니다. 지도와 공동체에 대해서, 베네딕트는 우선 수도원 안에서의 힘의 역학은 수평적이라는 점을 분명히 합니다: 수도사들의 지위는 상당히 동등합니다. 수도원장은 공동체의 우두머리이지만, "두려움의 대상이 아니라 사랑의 대상이 되어야 합니다"(『규칙』 90). 수도원장도 수도사들처럼 『규칙』을 준수해야 한다고 베네딕트는 거듭 이야기합니다. 실제로, 공동체 안에서 많은 권위를 가진 사람은 겸손해야 하며 권력을 남용하여 하나님의 심판을 받지 않을까 두려워해야 합니다.

따라서, 수도원의 지도자들은 지식의 분량에 의해서가 아니라 자신의 존재에 의해서 감화력을 발휘하는 교사들이 되어야 합니다. 그들이 직분을 수행하려면 수도사들이 믿음 안에서 성장하는 데 필요한 것을 분별하는 능력이 필요합니다. 베네딕트는 수도원장은 "튼튼한 사람들을 얻으며 언약한 사람들로 하여금 실망하여 실족하지 않게 하기 위해서" 모든 일의 조화를 이루어야 한다고 말합니다(『규칙』 91). 이러한 이상은 공동체를 형성적 공동체로 본 베네딕트의 이해와 조화를 이룹니다.

베네딕트는 수도원이라는 그릇을 만들고, 그리스도를 대하듯이 서로를 대하는 사람들로 그것을 채웠지만, 이 공동체가 즉시 하나님의 나라와 같은 기능을 발휘할 것이라는 망상을 갖지는 않았습니다. 그는 공동체 내의 불완전한 사람들은 거듭 영성생활을 실천해야 한다는 것을 알고 있었습니다. 따라서, 베네딕트는 수도사들에게 밤낮으로 쉬지 않고 사용해야 할 일련의 수행, 또는 "영적 도구들"을 주었습니다(『규칙』 17). 그의 『규칙』에서 묘사한 도구들 안에는 다음과 같은 것들이 포함됩니다: 금식, 가난, 세상으로부터의 이탈, 바른 믿음, 겸손, 분별, 그리고 노동. 베네딕트는 영성생활에는 시간과 에너지를 바쳐야 한다고 이해했습니다. 따라서 우리가 다음으로 다룰 주제는 정주(stability)입니다.

정주(定住) 서원

수도사의 삶은 가혹하지 않지만 쉽지도 않다고 베네딕트는 주장합니다. 그것은 자기중심적인 옛 행동 방식들을 버리고 변화되어야 하는 삶입니다. 자신이 소중히 여기는 습관이나 행동 방식을 버리라는 하나님을 만날 때마다 수도사들은 수도원에서 도망치고 싶을 수도 있습니다. 오늘날 사람들이 "자신이 원하는 것을 얻지 못할 때마다" 기도를 중단하거나 교회를 떠나는 것도 동일한 현상입니다. 베네딕트는 정주 서원이라는 것으로 이 문제를 해결합니다(『규칙』 5-6).

이 서원은 수도사가 평생 영성훈련을 실천하며 또 그러한 훈련들을 실천할 공동체를 만들어낼 수 있다고 확인해 줍니다. 정주 서원은 수도사의 영성형성이 이루어질 수 있는 기도 환경을 확립하는 데 도움이 됩니다.

개인적인 성취와 상승을 강조하는 우리 시대의 교회 공동체가 볼 때에, 베네딕트의 정주 서원은 도전적인 동시에 깊이 검토해볼 만한 것입니다. 한 그룹의 회원들은 서로에게 어떤 종류의 헌신을 할 수 있습니까? 장기간의 헌신이 불가능할 때에는 단기간의 정주가 기도 공동체의 발달을 촉진할 수 있을 것입니다.

노동과 가난

마지막으로 노동과 가난에 대해 이야기하렵니다. 이 두 가지는 베네딕트의 『규칙』에서 중요한 역할을 합니다. 그리고 영적 독서와 침묵의 경우에서처럼 개인적인 기도 방법들이 결합되어 어떻게 복합적인 방법인 공동체 생활을 형성하게 되는지를 우리는 알 수 있습니다.

베네딕트의 견해에 의하면, 수도사들은 "우리의 교부들과 사도들처럼 자신의 손으로 노동함으로써 생활해야 합니다"(『규칙』 68). 그것의 목적은 게으름을 예방할 뿐만 아니라, 수도사들은 다른 사람들의 노동에 의존하여 살아가지 않는 겸손한 종들이라는 표식이 되기 위함입니다. 수도사들은 큰 부를 얻기 위해서 노동하는 것이 아닙니다. 수도사들은 모든 것이 하나님의 것이며 모든 것을 공동체와 함께 소유해야 한다는 것을 인정하고서 가난과 무소유의 서원을 해야 합니다. 물질로부터의 이탈은 베네딕트가 수도사들을 위해 규정한 또 하나의 영적 수련입니다. 따라서 노동 및 노동과 부와의 관계에 대한 베네딕트의 견해는 베긴회의 견해와 흡사합니다.

기도가 주입된 수도사의 삶의 중심은 하나님에 대한 신뢰입니다. 그의 생활방식은 이러한 신뢰를 반영하며, 또 그것이 그의 기도 생활의 일부가 되어야 합니다. 마찬가지로, 기도로서의 공동체 생활도 단순함과 봉사의 생활이 되어야 합니다. 베네딕트는 하나님의 백성의 진보를 원하는 공동체에게 이러한 주제들이 필수적이라고 말합니다.

다른 모든 기도 방법들과 마찬가지로, 이것들은 영성생활을 하기 위해 노력하는 사람들에게 도전하고 도와주는 주제들입니다. 현대적인 공동체의 수련에서 각각의 주제를 취하여 그것이 그 공동체의 특별한 상황에 어떻게 적용되는지 살펴볼 수 있을 것입니다. 그 그룹은 겸손, 순종, 또는 정직한 관계를 어떻게 표현하려 합니까? 그 그룹에서 규칙적으로 실천하는 기도 방법들은 무엇입니까? 그 그룹은 기도의 공동체가 되려 하면서 생활방식이라는 문제에 관심을 기울입니까? 그 그룹은 기도의 사람들을 형성하고 있습니까?

이 책은 침묵과 독거에 대한 내용으로 시작하여 공동체에 대한 논의로 마칩니다. 이러한 움직임은 성경이 창세기에서 무로부터 세상을 창조하여 계시록 21장에서 하늘나라의 계시로 움직인 것을 반영합니다. 하나님께서 한 민족을 형성하시고 나서, 그들을 다시 형성하시기 위해 심연으로부터 불러내신 것처럼, 우리의 영적 여정도 우리가 이따금 길을 잃었다가 다시 하나님에 의해 발견된다는 것을 거듭 인정하는 여정입니다. 독거와 공동체라는 두 가지 환경은 길(Way)을 가는 우리의 여행을 보완해주고 강화해주기 때문에, 이 과정에는 이 두 가지가 필요합니다.

하나님과 함께 하는 삶이란 침묵과 경청이라는 리듬과 나눔과 봉사라는 리듬이 교대로 등장하는 삶입니다. 우리는 자신의 존재의 모든 부분을 가지고 기도함으로써, 생수의 우물에서 솟아나는 은혜가 우리 존재의 모든 부분을 통과하면서, 말라서 갈라지고 불편했던 부분에 물과 양분을 공급해 주게 합니다.

이제 모험을 시작하십시오. 여행을 시작하십시오. 예수님을 따르십시오. 하나님께서 당신의 정신을 변화시키셔서 당신의 존재 전체와 당신이 대면하는 모든 것이 성령의 숨을 가지고 이야기하게 하십시오.

함께 기도합시다.

참고문헌

Abelard, Peter and Heloise, ***The Letters of Abelard and Heloise***. Trans. Betty Radice. New York: Viking Penguin, 1974.

Armstrong, Edward A. ***Saint Francis: Nature Mystic.*** Berkeley, Calif.: University of California Press, 1973.

Benedict. St. *Benedict's **Rule** for Monasteries.* Trans. Leonard J. Doyle. Collegeville, Minn.: Liturgical Press, 1948.

Craine, Renate. ***Hildegard**: Prophet of the Cosmic Christ.* New York: Crossroad Publishing Co., 1997.

French, R. M., trans. *The **Way of a Pilgrim** and the Pilgrim Continues His Way.* San Francisco: Harper San Francisco, 1991.

Hildegard of Bingen. *Hildegard of Bingen: **Mystical Writings***, ed. Fiona Bowie and Oliver Davies and trans.

Robert Carver. New York: Crossroad Publishing Co., 1990.

Ignatius of Loyola. *The **Spiritual Exercises** of St. Ignatius*. Trans. Louis J. Puhl. New York: Vintage Books, 2000.

John of the Cross. *The Ascent of Mount Carmel in The Complete Works of Saint John of the Cross*. Trans. and ed. E. Allison Peers. Wheathampstead, Hertfordshire: Anthony Clarke, 1978.

Johnston, William, ed. *The **Cloud** of Unknowing and the Book of Privy Counseling*. New York: Image Books, 1973.

Julian of Norwich. ***Revelation of Love***. Ed. and trans. John Skinner. New York: Image Books, 1997.

Merton, Thomas, trans. *The **Wisdom of the Desert**: Sayings from the Desert Fathers of the Fourth Century*. New York: New Directions, 1960.

Sheldrake, Philip. ***Spirituality and History***: *Questions of Interpretation and Method*. Rev. ed. Maryknoll: Orbis Books, 1995.

Ugolino of Monte Santa Maria. *The **Little Flowers** of St. Francis of Assisi*. Trans. and ed. W. Heywood. New York: Vintage Books, 1998.

부록

기도 방법에 대한 단계별 가이드

다음은 각각의 기도 방법을 개인적으로나 그룹으로 실천하기 위한 지침입니다.

1. 독거와 침묵: 여정의 시작

독거와 침묵은 이 책에서 묘사하고 있는 대부분의 기도 방법의 기초입니다. 다음은 관상의 기초가 되는 이 두 가지 방법에 익숙해지도록 도와줄 일반적인 조언과 지침입니다.

개인을 위한 지침

▶ 먼저 독거와 침묵 속에서 시간을 보내려는 당신의 의도를 확인하십시오. 이 책에 수록된 모든 기도는 의도적인 행동으로 시작되어야 합니다: 하나님을 보다 깊

이 의식하고 경험하기를 원한다는 긍정적인 진술을 우리 자신과 하나님께 해야 합니다.

▸ 당신이 독거와(또는) 침묵 속에 거하는 때가 언제인지 관찰하십시오: 산책할 때, 혼자 운전할 때, 집에 홀로 있을 때, 체육관에서 운동할 때.

▸ 그러한 때에 의식적으로 기도하려는 당신의 목적을 상기하십시오. 당신의 삶 속에서 예수님의 현존에 주목하는 일을 도와달라고 하나님께 부탁하십시오. 당신의 영성생활에 대해 있을 수 있는 특수한 질문이나 염려를 하나님께 말씀드리십시오.

▸ 하나님의 대답을 들으십시오. 아무런 대답이 없어도 염려하지 말고, 침묵하면서 다시 하나님을 계속 생각하십시오.

▸ 당신의 기도생활에 관해 당신이 원하는 것에 얼마 동안 주목하십시오. 아마 당신은 자신이 더 많이 기도하기를 원하고 있다는 것을 발견할지도 모릅니다. 또는 당신의 삶이 여러모로 변화하고 있음을 발견할 수도 있습니다. 당신 자신이 더 많은 침묵과 독거를 원하고 있다는 것을 발견한다면, 그에 상응하여 행동하십시오. 피정을 계속하고, 이 책에서 묘사한 몇 가지 다른 기도 방법을 실천하면서 홀로 하나님과 함께 더 많은 시간

을 보내십시오.

그룹을 위한 지침

- 먼저, 더 많은 시간을 함께 침묵하겠다는 서약을 하십시오. 이 서약은 개회기도 때에 하거나, 조직적인 활동의 일부로 할 수도 있습니다.
- 그룹 전체가 회원들을 위한 독거와 침묵 시간을 만드는 방법을 선택하거나, 지도자가 그 방법을 제안합니다. 그 다음에, 회원들은 그대로 실천합니다. 예를 들어, 15분 동안 산책을 하거나 실내에서 침묵하면서 기도하거나, 혼자서 다른 침묵 기도 방법을 실천할 수 있을 것입니다.
- 회원들이 함께 모여 독거와 침묵의 경험에 대해 의견을 나눕니다. 회원들 모두가 발언하되, 서로의 문제를 바로잡으려 하거나 다른 사람의 개인적인 경험을 재해석하려 하지 않습니다. 지도자는 충분한 독거의 경험이 있어야만 필요한 경우에 건설적인 반응을 제공할 수 있습니다.
- 회원들은 영적 여정을 지원하는 수단으로서 서로를 위해 기도합니다. 독거와 침묵 속으로 더 깊이 들어갈 수 있는 힘을 달라고 하나님께 기도할 수도 있을 것입니

다.

2. 영적 독서: 거룩한 독서를 통한 성경과의 만남

거룩한 영적 독서, *lectio divina*는 성경 안에서 하나님을 만나는 강력한 방법이며, 또 개인이나 그룹을 위한 훌륭한 기도 방법입니다. 이것은 개인적으로 실천하는 데에는 4단계가 있습니다. 그룹으로 실천할 때에는 상황에 따라서 조정할 수 있습니다. 여기에서는 세 단계의 실천 방법을 묘사하려 합니다.

개인적인 영적 독서

▶ 제1단계 : *Lectio* (읽기/듣기)

- 성경 구절을 선택합니다. 시편이나, 예수님에 대한 이야기나, 선지서의 시적인 구절 등 어느 구절이라도 좋습니다. 예를 들면 마가복음 1:14-20이나 이사야서 40:1-5을 가지고 시도해 보십시오.
- 그 구절을 두 번 묵독하십시오. 문자적인 의미에 구애되지 말고, 당신의 관심을 사로잡는 단어나 구절에 귀를 기울이십시오.
- 고요히 그 단어나 구절에 초점을 두십시오. 다섯 번 그것을 반복하여 읽으십시오. 그것이 당신의 마음과

정신에 스며들게 하십시오.

▶ 제2단계 : Meditatio (묵상)

- 선택한 단어나 구절에 계속 초점을 두면서, 떠오르는 생각과 느낌에 주목하십시오.
- 어떤 생각, 이미지, 기억이 떠오릅니까?
- 하나님께 이 단어를 통해서 무엇인가를 말씀해 달라고 부탁하고, 계속 대답에 귀를 기울이십시오.

▶ 제3단계 : Oratio (기도)

- 어느 시점에서 당신은 자신이 하나님께 대답하기를 원하고 있다는 것을 발견할 수도 있습니다. 기도가 당신의 내면에서 어떤 갈망을 일깨웠습니까?
- 당신은 자신의 삶에서 어떤 일을 필요로 하는 분야를 발견했을 수도 있습니다.
- 당신은 무엇인가에 대해서 감사하고 있으며 그 감사를 하나님께 표현하기를 원할 수도 있습니다.
- 당신은 삶에서 행동 방향을 전환하라는 부름을 느낄 수도 있습니다.
- 무엇을 느끼든지 간에, 급하게 기도를 해치워서는 안 됩니다. 하나님께서 당신의 마음속에 기도와 갈망을 형성해 주시는 동안 계속 기다리고 경청하십시오.

당신의 갈망이나 동경이나 행동의 기도를 하나님께 말씀

드리십시오. 그리고 침묵하면서 계속 경청하십시오.

> ▶ **제4단계**: *Contemplatio* (쉼)

- 이것은 마지막 단계로서, 하나님과의 대화가 끝나는 단계입니다. 하나님으로부터 한 단어를 듣고 그 단어에 대한 당신의 반응을 표현했으므로, 이제 당신은 자신이 침묵 속에 쉬는 것을 허락합니다.
- 당신의 정신이 안정하는 것을 허락하십시오.
- 기도가 끝났다고 느낄 때에, 하나님께 대한 감사를 표현하십시오. 간단히 "감사합니다", 또는 "아멘"이라고 말할 수 있습니다.

그룹에서의 영적 독서

이 과정은, 각 단계가 끝날 때에 회원들은 자기들이 행한 기도의 결과에 대해 발언하는 것을 제외하고는, 개인적인 과정과 거의 같습니다.

> ▶ **제1단계**

- 지도자가 소리를 내어 성경 본문을 두 번 읽습니다.
- 침묵 속에서 각 사람은 그 본문 안에서 자신에게 이야기하는 단어나 구절을 듣기 시작합니다.

- 얼마 동안 침묵한 후, 지도자는 회원들이 들은 단어나 구절을 발표하게 합니다. (발표하는 사람은 자신이 들은 단어만 이야기할 뿐, 그것의 중요성에 대한 설명은 하지 않습니다.)

▶ 제2단계

- 지도자가 다시 성경 본문을 소리내어 읽습니다.
- 회원들은 그 구절에 대한 반응으로 어떤 이미지나 생각이나 구절이 떠오르기를 기다립니다. 회원들이 침묵 속에서 받은 것을 발표하게 합니다.

▶ 제3단계

- 지도자는 세 번째로 본문을 읽습니다.
- 회원들은 그 본문을 통해서 하나님이 어떻게 말씀하시는지 경청합니다.
- 얼마 동안 침묵한 후에 회원들은 이 단계에서 자신이 들은 것들을 발표합니다.

▶ 제4단계

- 회원들 모두가 발표한 뒤에, 간단한 구송기도나 잠시 침묵으로 감사를 표현하면서 기도 시간을 마칠 수 있습니다.

그룹으로 행하는 과정에서 중요한 점은 나눔의 시간에

참석자들이 다른 사람이 관찰한 것을 아무런 논평이 없이 듣는 것입니다.

3. 예수기도: 예수님의 이름 안에는 능력이 있습니다

개인으로 행하는 경우

- 얼마 동안 기도할지를 결정하십시오. 처음에는 15분 정도만 기도해도 좋습니다. 기도에 익숙해지면서 점점 더 많은 기도 시간을 원하게 될 것입니다.
- 예수기도는 산책을 할 때, 사무실에서, 버스 안에서, 밤늦게 침상에서, 교회에서 등 어느 곳에서든지 할 수 있습니다.
- 정신 속에서 "하나님의 아들 예수 그리스도시여, 나를 불쌍히 여기소서"라고 반복하십시오.
- 그 문장을 계속 반복하십시오.
- 그 문장이 당신의 존재 속으로 흘러들어가게 하십시오.
- 하나님께 감사하면서 기도를 마치십시오.

그룹으로 행하는 경우

- 지도자나 그룹에서는 얼마 동안 기도할 것인지를 결정

합니다.
- 공간이 허락한다면, 참석자들은 이리저리 돌아다녀도 좋습니다; 기도할 장소를 선택할 수도 있습니다; 또는 그룹 전체가 하나의 기도 장소를 결정할 수도 있습니다.
- 회원들은 개인적으로 위에서 묘사한 것과 같이 예수기도를 실천합니다.
- 그룹 전체가 다시 모일 때에, 각각의 회원들은 자신이 경험한 것을 발표할 기회를 갖습니다. 이 시간의 목표는 서로의 문제점을 고쳐주거나 누가 바르게 기도하는지를 결정하려는 것이 아닙니다.
- 지도자는 "그것을 이해하지 못했다"고 느끼는 회원들을 격려하고 지원해줄 준비가 되어 있어야 합니다.
- 회원들은 혼자 힘으로 예수기도를 시도하도록 서로를 격려해 줄 수 있습니다.

4. 부정의 기도: 잠잠하여 알라

부정의 기도는 가장 단순한 기도인 동시에 가장 어려운 기도일 것입니다. 특정 상황에 대한 기도의 경험이 좋을 수도 있고 나쁠 수도 있으며, 어느 것이든지 완벽하게 옳기 때문에, 이 기도는 한 번 이상 행하는 것이 유익합니다.

개인으로 행하는 경우

- 얼마 동안 기도할 것인지를 결정하십시오. 보통은 20분에서 40분 동안 기도합니다. 초보자는 그보다 짧게 기도하는 것이 바람직할 수도 있습니다.
- 기도하는 동안에 초점으로 사용할 단어를 선택하십시오. 하나님의 현존을 상기시켜주기만 한다면, 어떤 단어를 선택하든지 상관없습니다.
- 앉아서 기도할 고요한 장소를 찾으십시오. 두 손을 허벅지에 놓고 바른 자세로 앉는 것이 좋습니다. 일반적으로 이 기도를 할 때에는 두 눈을 감습니다. 만일 그것이 불편하다면, 시선을 당신이 앉은 곳에서 약 2미터 전방에 두어도 좋습니다.
- 고요히 선택한 단어를 한 번 발음하면서 기도를 시작하십시오. 그 다음에는 고요히 앉아 계십시오. 예수기도를 할 때와는 달리, 이 단어를 계속 해서 반복할 필요가 없습니다.
- 당신이 여러 가지 생각들로 인해 분심되었다고 여겨지면, 고요히 그 단어를 반복함으로써 당신 자신을 현재로 데려오십시오.
- 기도를 마치면서 하나님께 감사하십시오.

그룹으로 행하는 경우

- 기도하기에 적합한 장소를 선택하십시오. 사람들이 서로 마주보지 않도록 자리를 배열하십시오. 얼마 동안 기도할 것인지를 결정하십시오.
- 한 사람이 기도 시간을 시작하고 마칩니다. 기도를 시작할 때와 마칠 때에 작은 종을 사용할 수도 있습니다.
- 지도자는 "기도합시다"라고 말하여 기도 시간을 시작합니다.
- 그 다음에 참석자들은 정해진 시간 동안 위에서 묘사한 대로 기도를 실천합니다.
- 지도자가 주기도문을 낭송함으로써 기도 시간을 마칩니다.
- 기도가 끝나면, 그룹 토론 시간을 마련하는 것이 좋습니다. 이때에 지도자가 할 수 있는 일은, 사람들이 제대로 기도하지 못한 것이 아니라고 말하며 기도하는 동안에 그들이 선택한 단어로 돌아가도록 격려해 주는 것입니다.

5. 규문: 일상생활 안에 계신 하나님

개인으로 행하는 경우

- 얼마 동안 기도하면서 조사할 것인지를 결정합니다. 하루가 될 수도 있고, 일주일이 될 수도 있고, 어떤 특

별한 사건이 될 수도 있습니다.
▸ 기도하는 동안에 정신이 배회하는 대로 내버려 두십시오. 그 동안에 당신이 스스로에게 제기할 수 있는 질문들은 다음과 같습니다:

- 그 시간에 나는 무엇에 대해서 가장 크게(또는 적게) 감사하는가?
- 나는 언제 사랑과 평화와 기쁨과 생명(성령의 은사들)을 느꼈는가?
- 나는 언제 지치고 무감각하고 쇠진하고, 화가 나고, 인색했는가?
- 나의 관심을 끈 특수한 사건이나 생각이나 경험은 무엇인가?
- 그 시간의 어떤 면이 나를 불쾌하게 하는가?
- 그 시간 중 어느 순간이 나의 심오한 갈망에 대해서 나에게 말해 주는가?
- 부적절하고 흥미가 없다고 느껴지는 것은 무엇인가?

▸ '이 시간 중 어느 때에 나는 하나님께 주목했는가? 하나님이 부재하는 시간은 어떤 느낌이었는가?'를 스스로에게 질문하십시오.
▸ 이러한 질문들에 대한 답변이 떠오르면, 그것이 미래

에 대해서 무엇을 말해 주는지에 주목하십시오. 하나님이 당신을 불러 존재하게 하시는 이유는 무엇입니까? 하나님은 어떤 행동, 활동, 또는 태도를 향해 당신을 이끌어 가십니까?
▸ 당신의 삶에서 하나님이 어떻게 역사하시는지를 알려면, 주기적으로 이 기도를 반복하십시오.

그룹으로 행하는 경우

그룹으로 규문을 행하는 방법은 두 가지입니다: (1) 그룹에 속한 각 사람이 하나의 규문을 시행하고서 그 결과를 다른 사람들과 나눕니다; (2) 회원들이 공통적으로 경험한 활동이나 시간에 대해 규문을 행합니다.

방법 1

▸ 회원들은 위에서 개인들을 위해 마련한 가르침을 받고 나서, 그룹 전체나 지도자가 명시한 시간 동안 규문을 행합니다.
▸ 정해진 시간이 끝나면, 회원들은 자신의 경험에 대해 나눕니다. 그룹은 개인을 위한 지원과 확인과 반응의 장소로서의 기능을 합니다.

방법 2

- ▶ 규문을 행하기 위해 모인 그룹은 예배, 계획 과정, 산책, 선교 활동 등 어떤 공동의 활동에 참여했던 사람들입니다.
- ▶ 그들은 이 공동의 활동에 대해서 규문을 실천합니다. 각각의 회원에게는 위에 제시된 개인적인 단계를 사용하여 그 활동에 대해 기도할 시간이 주어집니다.
- ▶ 그 다음에는 기도의 결과들에 대해 나눕니다. 이것은 그 공동의 활동 안에서 하나님이 역사하시는 여러 가지 방법을 볼 수 있는 기회를 제공합니다. 또 "하나님의 것이 아닌 것"을 볼 수 있는 기회도 제공합니다.
- ▶ 이렇게 관찰한 것들은 그룹의 장래의 활동 지침으로 사용할 수 있습니다.

6. 창조력과 거룩한 것: 창조하는 것은 곧 기도하는 것이다

개인의 경우

- ▶ 먼저 창조적 행동들을 통해서 하나님을 주목하려는 당신 자신의 목표에 주목하십시오. 당신이 이미 행한 활동 중에서 창조력을 포함하는 것이 무엇인지 살펴보십

시오. 또 현재 행하고 있지는 않지만 바라는 창조적 활동들이 무엇인지 살펴보십시오. 그것들 안에는 다음과 같은 것들이 포함되지만, 분명히 그것들로 한정되지는 않습니다:

　당신의 집이나 방을 장식하는 것
　옷을 차려 입는 것
　학교나 다른 곳에서의 예술 활동
　요리
　당신의 사역이나 다른 일
　당신과 친구들이 참여하는 활동들
　글을 쓰는 일

- 이러한 활동에 기도의 태도를 도입하십시오. 창조력의 기도를 하는 동안에 당신이 예수님을 찾는 일을 도와달라고 하나님께 부탁하십시오.
- 기도하는 동안 발생하는 일에 주목하십시오.
- 하나님께 감사하십시오.

그룹의 경우

- 그룹의 지도자는 하나의 창조적인 활동을 선택합니다. 보통 그것은 어떤 형태의 예술 작업입니다.

- 많은 예술품을 이용할 수 있어야 합니다.
- 회원들은 정해진 시간 동안 창조적으로 기도합니다. 예술 작품을 완성하는 것이 중요한 것이 아니라, 창조하는 시간을 하나님과 대화하는 기회로 삼는 것이 중요합니다.
- 기도 시간이 끝나면, 구성원들은 함께 모여 창조적인 경험에 대해 자신이 관찰한 바를 나눕니다.

창조력의 기도와 다른 기도를 결합하는 것

개인으로 행하든지 그룹으로 행하든지, 창조적인 기도를 다른 기도들과 결합해도 좋습니다. 예를 들면, 영적 독서나 규문을 행한 뒤에 그림을 그리면서 시간을 보낼 수 있습니다. 또는 침묵하면서 산책한 뒤에 예술품들을 제거하고서 무슨 일이 일어나는지를 살펴봅니다. 그 밖에도 가능한 것들이 많습니다. 창조적 기도를 다른 기도 방법과 결합하는 것은 특별히 피정 때에 효과가 있습니다.

7. 일지쓰기: 하나님께서 보여주시는 것을 기록함

기본적인 일지 쓰기

이것은 개인적으로나 그룹으로 행할 수 있습니다. 시간

을 내서 당신의 생각, 갈망, 하나님과의 관계에 대한 질문 등을 기록하십시오. 종이에 하나님께 드리는 기도를 적으십시오. 시간이 흐르면서 당신과 예수님의 관계가 성장하고 깊어지는 것을 지켜보십시오. 그룹으로 행할 때에는 이러한 관찰과 생각들의 나눔을 서로를 지원하기 위한 수단으로 사용할 수 있습니다.

하나님과의 대화

이 특별한 기록의 실천은 혼자서 할 수도 있고 그룹으로 할 수도 있습니다.

- 하나님과 대화하기를 원하는 갈망을 표현하십시오.
- 한 장의 종이 중앙에 세로선을 그으십시오.
- 왼쪽 칸은 당신의 말을 기록하기 위한 것이고, 오른쪽 칸은 하나님을 위한 것입니다. 당신은 당신 자신과 하나님의 것을 기록하는 서기입니다.
- 당신 편에서 대화를 시작하십시오. 당신의 생각, 질문, 염려 등을 적으십시오.
- 대답을 경청하십시오. 종이의 오른 칸에 적절하다고 생각되는 것들을 적으십시오. 이상하게 들리겠지만, 당신은 이 기도의 결과에 놀랄 것입니다.
- 그룹으로 행할 때에는, 당신의 대화를 다른 사람들에

게 발표하십시오.

기도 벽

이것은 그룹으로 행하는 일지 작성, 또는 창조적인 기도 작업으로 간주할 수 있습니다.

- 큰 테이블과 커다란 종이가 필요합니다.
- 테이블 위에 종이를 펼쳐 놓으십시오. 종이 위에 물감, 마커, 펜 등을 준비해 놓으십시오.
- 참석자들을 테이블 주위에 모으고, 기도의 출발점이 될 성경구절이나 질문을 제공하십시오.
- 사람들은 그 출발점에 대한 반응으로 종이에 자신의 기도문을 적거나 그립니다.
- 10분 정도 지난 후에, 사람들은 종이의 다른 편으로 가서 다시 작업을 시작합니다.
- 기도 시간이 끝나면, 모두가 그 그룹의 기도문을 볼 수 있도록 종이를 벽에 붙입니다.

8. 몸으로 드리는 기도: 몸과 영성생활

호흡기도

이것도 개인기도나 그룹 기도에 적절한 기도 방법입니

다.

- ▸ 기도할 시간을 정하십시오. 적어도 15분 이상 기도해야 합니다. 만일 그룹으로 기도하고 있다면, 걸을 코스를 지적하십시오. 방안을 원으로 걸을 수도 있고, 외부에서 어떤 행태를 취할 수도 있습니다.
- ▸ 움직이는 동안에 당신의 존재 전체로 하나님의 말씀을 들으려는 목표를 가지고 시작하십시오.
- ▸ 천천히 걷기 시작하십시오. 걸음을 뗄 때마다 속도를 늦추십시오. 결국 15초 내지 30초에 한 걸음을 걸으려고 노력하십시오(이것은 아주 더디다고 느껴질 것입니다).
- ▸ 당신의 호흡과 몸과 마음, 그리고 정신에 주목하십시오. 분심이 될 때에는 바닥과 접촉하고 있는 두 발의 느낌에 초점을 두십시오.
- ▸ 기도를 마칠 때에 하나님께 감사하십시오.
- ▸ 그룹으로 행할 때에는 그 수련에 관해 함께 고찰하는 시간을 가지십시오.

몸으로 표현하는 조각물(Body Sculpture).

이것은 육체적인 *lectio divina*라고 말할 수 있는 그룹 기도 방법입니다.

- 그룹 전체가 모여 몸으로 조각상을 만들 수 있을 정도로 넓은 방을 마련합니다. 지도자는 성경 구절을 선택하여 두 번 소리 내어 읽어줍니다.
- 지도자가 그 구절 중에서 한 단어를 읽습니다. 반드시 두 번 읽어 주어야 합니다.
- 잠시 침묵한 후에, 구성원들 중에서 조각상을 만들고 싶은 사람들이 앞으로 나가서 그 단어를 몸으로 표현합니다. 그리고 그 자세를 유지합니다.
- 원하는 사람들 모두가 조각상을 만들었다고 생각되면, 지도자는 다시 그 단어를 읽어줍니다. 이것은 모두가 제자리로 돌아가라는 신호입니다.
- 지도가가 처음에 선택한 성경구절에 포함된 여러 개의 단어를 중심으로 하여 이 과정을 반복합니다.
- 이 과정을 마친 후에는, 서로 이 기도 경험에 대한 의견을 나눕니다. 이 방법을 창조적인 예술 활동과 결합해도 좋습니다.

9. 하나님을 향해 걸어감: 가시적인 여정

천천히 걷기

이것은 개인적으로나 그룹으로 행하기에 적절한 방법입니다.

- 기도할 시간의 길이를 정하십시오. 최소한 15분 이상이 좋습니다. 만일 그룹으로 이것을 행하려 한다면, 걸을 코스를 정하십시오. 방안을 원을 그리며 걸을 수도 있고, 실외에서 다른 형태로 걸을 수도 있습니다.
- 걸으면서 존재 전체로 하나님의 음성을 경청하려는 목적을 가지고 시작하십시오.
- 천천히 걷기 시작하십시오. 한 걸음을 뗄 때마다 속도를 늦추십시오. 한 걸음을 떼는 데 15-30초의 속도를 취하십시오(이것은 아주 느리다고 느껴질 것입니다).
- 당신의 호흡과 몸과 마음과 정신에 주목하십시오. 정신이 산만해질 때마다, 두 발이 땅에 닿는 감각에 초점을 두십시오.
- 하나님께 대한 감사로 이 기도를 마치십시오.
- 그룹으로 행할 때에는, 이 기도의 실천에 대해 함께 돌이켜 보는 시간을 갖는 것이 좋습니다.

미로 걷기

이것은 개인과 그룹 모두에게 적용됩니다. 다음은 그룹으로 행하는 것을 위한 추가 정보입니다:

- 미로를 찾으십시오. 교회나 공동체 내의 피정 센터에 미로가 있을 수도 있습니다. 이것을 실천하는 데 있어서 가장 큰 장애물은 미로 설치입니다.
- 미로 걷기에는 세 단계가 있습니다: 미로 속으로 걸어 들어감, 중심에서의 휴식, 그리고 미로에서 걸어나옴.
- 미로 속으로 걸어 들어가는 것은 당신과 하나님의 교제를 막는 것들을 모두 버리는 시간입니다. 걸어 들어가는 동안에 고요히 성경 구절을 암송할 수도 있습니다. 아니면, 당신의 생각과 느낌들을 관찰하고 다음과 같은 질문들에 대해 숙고할 수도 있습니다:

    - 이 여행은 무엇과 흡사한가?
    - 내가 버려야 할 것은 무엇인가?
    - 내가 하나님의 사랑을 경험하지 못하도록 방해하는 것이 있는가?
    - 나는 용서를 필요로 하는가?
    - 나는 용서해야 하는가?

- 미로의 중심은 하나님과의 일치점, 하나님의 상징적인 거처로 간주됩니다. 중심에 도착하면, 그저 하나님 안에서 휴식하십시오. 원하는 대로 그곳에 머무십시오. 당신에게 적절하다고 여겨지는 방법으로 하나님과 대화하십시오.

▸ 미로에서 걸어 나오는 것은 하나님과 함께 다시 세상으로 나오는 과정입니다. 걸어 나오는 동안, 계속 기도하고 하나님과 대화하십시오.

- 예수님은 어떤 새로운 방법으로 당신과 동행하여 세상으로 가십니까?
- 미로에서 나와 삶으로 돌아가는 것을 생각할 때에, 당신은 무엇을 생각하고 느낍니까?
- 당신은 새로운 통찰이나 경험이나 계획을 가지고 미로에서 나옵니까?

▸ 미로에서 완전히 빠져나온 후에는 미로에서 보낸 시간에 대해 하나님께 감사하십시오.

그룹 미로 걷기를 위한 추가 지침

▸ 미로에 들어갈 때에는 걷는 사람들 사이에 어느 정도 간격을 유지하십시오. 각 사람에게 미로에 들어갈 시기를 알려주는 사람을 미로 입구에 배치하는 것도 유익합니다.

▸ 미로를 걷는 동안에 마주치는 사람들에 신경을 쓰지 말고, 당신 자신의 속도로 걸으십시오.

▸ 미로를 걷는 다른 사람들을 주시하십시오. 모든 사람

들이 그리스도의 몸으로서 하나님을 향해 여행하고 있다는 점에 주목하십시오.
▸ 미로 걷기를 마친 후에는, 잠시 그 기도에 대한 느낌과 소견을 나누는 시간을 가지십시오.

10. 자연 안에서 기도하기: 관상과 창조
자연세계와 더불어 행하는 일반적인 기도

이 기도의 형태는 일반적인 독거의 기도 및 창조의 기도와 비슷합니다. 이 기도를 할 때에는 자연 환경 속에서 당신 자신을 발견할 때에 하나님께 주목하기 시작합니다. 게다가, 의도적으로 자연 안에서 하나님과 함께 시간을 보내려는 계획을 세울 수 있습니다. 이 기도는 개인적으로나 그룹으로 행할 수 있습니다.

▸ 자연 안에서 하나님의 현존을 경청하려는 당신의 의도를 하나님께 알리십시오.
▸ 자연 환경을 대하면서(산책이나 등산을 할 때, 해가 지거나 뜨는 것을 볼 때, 밤에 달을 바라볼 때, 동물이나 아름다운 꽃을 바라볼 때), 하나님을 주목하십시오.
▸ 당신의 생각과 느낌에 주목하십시오.
▸ 피조세계의 아름다움에 주목하십시오.
▸ 자연세계의 힘을 의식하십시오.

- 당신 자신의 삶의 은사에 대해 묵상하십시오.
- 이 기도 시간을 허락하신 하나님께 감사하십시오.
- 그룹으로 기도할 때에는, 기도하면서 경험한 것들에 대해 나누는 시간을 가지십시오.

다른 기도 방법과 자연 환경을 결합함

창조적 기도를 할 때와 마찬가지로, 자연 안에서 드리는 기도도 다른 기도 방법들과 결합할 수 있습니다. 다음번에 당신이 아름다운 장소에 있을 때에는 예수기도를 하거나 규문을 실천해 보십시오. 예배 때에 사용하기 위해서 사진을 찍으십시오. 다른 방법의 기도를 실천할 때 도움을 얻기 위해서, 자연 세계 안에 있는 하나님의 임재의 힘을 사용하십시오.

자연계의 사물을 깊이 조사함

이것은 자연 안에서 행하는 일반적인 기도의 변형으로서 그룹이나 피정 때에 적합합니다.

- 기도하면서 사용할 자연계의 사물—꽃, 풀잎, 바위, 기타 당신의 시선을 사로잡는 것—을 선택하십시오.
- 얼마 동안 기도할 것인지를 결정하십시오. 그룹으로

행할 때에는 지도자가 기도 시간을 결정할 수 있습니다. 기도 시간은 15분 내지 30분이 적절합니다.
- 위에서 열거한 자연 안에서의 일반적인 기도를 위한 지침들을 따르며, 선택한 사물에 기도의 초점을 두고 주의를 기울이십시오.
- 기도하면서 당신이 선택한 피조세계의 작은 부분 속으로 깊이 들어가십시오.
- 하나님은 당신에게 어떻게 말씀하십니까?
- 기도 시간을 마칠 때면, 자신의 경험에 대해 일지를 쓰거나, 당신이 들은 것에 대한 응답으로 창조적인 기도를 하고자 할 수도 있습니다.
- 그룹으로 기도할 때에는 관찰한 것들을 서로 나누는 시간을 가지십시오.

11. 기도와 세상에서의 삶

십일조

이 기도 방법의 목표는 당신의 총수입의 10퍼센트를 바치기 시작하는 것에 있습니다. 그 돈은 교회에 바칠 수도 있고, 정의와 평화의 사역을 행하고 있는 단체에게 기부할 수도 있습니다. 예수께서는 비유에서 "너희가 여기 내 형제 중에 지극히 작은 자 하나에게 한 것이 곧 내게 한 것이니라"고 말씀하십니다(마 25:40). 당신은 돈을 바치는 교회나 단체에 대해 호감을 지녀야 합니다. 이 단체가 하나님 나라를 나타내기 위해 일하고 있다는 믿음이 있어야 합니다. 이 느낌은 그 단체가 하는 일이 당신에게 직접적으로 혜택을 준다는 느낌과는 다른 것입니다.

그렇게 되면, 그 기도의 실천은 단순합니다: 당신의 돈을 내어주거나, 적어도 돈을 내어주려고 노력하십시오. 그렇게 하려고 노력할 때에 무슨 일이 일어나는지 지켜보십시오. 이 기도의 실천은 당신의 삶의 모든 측면에 영향을 미칠 것이며, 여러 가지 —당신이 시간을 어떻게 보내는지, 돈을 어떻게 사용하는지, 당신의 삶에서 가장 중요한 것이 무엇인지—에 대해서 하나님과 대화할 수 있는 기회를 제공합니다.

불가능한 일(The Impossible Project)

이 기도 방법은 교회의 모임처럼 잠시 모이는 단체에 적합합니다.

- 하나님께서 그 그룹을 불러 행하게 하시는 일에 대해서 함께 기도하기 시작합니다. 먼저 그 그룹의 사역에 대한 규문을 실천할 수도 있을 것입니다.
- 시간이 흐름에 따라서, 그 그룹 안에서 어떤 갈망과 소

원이 생겨나는지에 주목하십시오. 그 그룹에 작용하고 있는 것은 무엇입니까? 하나님은 그 그룹으로 하여금 세상에서 어떻게 존재하며 무엇을 하게 하십니까?
- 얼마 후에 어떤 특수한 생각들이 떠오를 수도 있을 것입니다. 그것들을 놓치지 말고 따라가십시오. 어떤 생각도 무시하지 마십시오. 그 그룹을 자극하는 제안들을 주목하십시오. 그 제안들에 대해 규문을 행하십시오.
- 결국 한두 개의 아이디어가 그룹 전체의 상상력을 사로잡을 수도 있습니다. 그 아이디어들은 불가능한 것처럼 보일 수도 있습니다. 즉 지나치게 방대하고, 비용이 많이 들고 이상한 프로젝트처럼 보일 것입니다.
- 하나의 프로젝트를 선택하여 어떻게든지 행하려고 노력하십시오.
- 진행하는 동안에, 계속 그 프로젝트에 대해 기도하십시오. 그것은 불가능하기 때문에 당신의 프로젝트가 아니라 하나님의 프로젝트입니다. 만일 기도를 중단한다면, 당신은 실패할 것입니다.

12. 기도하는 공동체

이 방법을 위한 특수한 가르침은 없습니다. 다음은 기도

하는 공동체의 것이라고 생각되는 특징들입니다:

- 겸손
- 하나님께 대한 순종
- 하나님께서 공동체의 각각의 구성원에게 권한을 부여해 주심
- 기도, 개인적이고 집단적인 영적 실천
- 성경
- 다음과 같은 특성을 지닌 공동체 구성원들의 관계
  - 서로 예수님을 대하듯이 함
  - 서로를 돌봄
  - 서로 봉사함
  - 환대
  - 정직
  - 신뢰
- 행동에 대한 적절한 결과와 행위를 정직하게 평가하는 데 초점을 두는 공동체 훈련
- 영적 가르침을 특징으로 하는 지도자
- 정주(定住)—공동체로서의 이러한 속성들을 꾸준히 실천하는 길을 모색함
- 어떤 형태의 공동체 작업/봉사

▶ 어떤 형태의 공동체 가난

피정 모델

기도 피정의 조직에는 여러 가지 방법이 있지만, 결국 모든 방법은 시간을 내어 기도하는 것으로 귀결됩니다! 여기에서는 그룹 피정처럼 보일 수도 있는 하루 과정의 피정을 요약하여 제시하려 합니다. 몇 가지 변형된 형태 및 추가되거나 삭제될 수 있는 요소들에 대한 정보도 제시할 것입니다. 피정을 행하는 시간에 따라서 형태를 조정할 수 있습니다(필자는 한 시간짜리 기도 피정을 행한 적이 있습니다). 만일 혼자서 피정을 행하고 있다면, 그룹 활동을 생략하십시오.

일정
- 새벽 예배
- 아침 식사
- 아침: 하나의 기도 방법에 대한 가르침과 실천
- 점심 식사

오후:
- 자유 시간
- 또 다른 기도 방법에 대한 가르침과 실천, 또는 아침에 배운 기도 반복
- 저녁 식사
- 저녁 예배

추가할 수 있는 활동

- 하루 종일, 또는 부분적으로 침묵하는 것을 고려할 수 있습니다.
- 기도에 대한 담화, 또는 성경 묵상을 추가하십시오.
- 금식을 고려할 수 있으나 조심해야 합니다. 특별한 음식을 필요로 하거나 섭식 장애가 회원들에게 영향을 줄 수 있으므로, 금식을 행하기 전에 상황을 제대로 평가해야 합니다.
- 아침에 그룹 묵상시간을 추가할 수 있습니다.
- 개인적인 영적 지도
- 피정하는 곳의 환경이 아름답다면, 산책을 하게 할 수도 있습니다.
- 가능하다면, 피정의 일부로 집단 작업을 맡기십시오. 예를 들면, 주방에서 음식을 준비하거나 설거지를 하

는 일을 분담하여 맡기십시오.
- 전체 피정 기간을 위한 주제로 하나의 성경 구절을 사용하십시오.
- 피정의 기초가 될 또 다른 형태의 주제를 만드십시오.

무엇보다도, 피정 기간 내내 하나님과 함께 하는 놀랍고 편안한 시간을 보내십시오.